Horst Melcher

Albert Einstein wider Vorurteile und Denkgewohnheiten

REIHE WISSENSCHAFT

Die REIHE WISSENSCHAFT ist die wissenschaftliche Handbibliothek des Naturwissenschaftlers und Ingenieurs und des Studenten der mathematischen, naturwissenschaftlichen und technischen Fächer.
Sie informiert in zusammenfassenden Darstellungen über den aktuellen Forschungsstand in den exakten Wissenschaften und erschließt dem Spezialisten den Zugang zu den Nachbardisziplinen.

Horst Melcher

Albert Einstein wider Vorurteile und Denkgewohnheiten

Vieweg · Braunschweig

Verfasser:
Prof. Dr. habil. Horst Melcher
Pädagogische Hochschule „Dr. Theodor Neubauer“
Erfurt

CIP-Kurztitelaufnahme der Deutschen Bibliothek

Melcher, Horst:
Albert Einstein wider Vorurteile und Denkgewohnheiten / Horst Melcher. — Braunschweig: Vieweg, 1979.
(Reihe Wissenschaft)
ISBN 3-528-06849-3

1979

Lizenzausgabe für
Friedr. Vieweg & Sohn Verlagsgesellschaft mbH, Braunschweig,
mit Genehmigung des Akademie-Verlages, DDR-Berlin
Herstellung: VEB Druckhaus „Maxim Gorki“, 74 Altenburg
Printed in German Democratic Republic
ISBN 3 528 06849 3

Inhaltsverzeichnis

Vorbemerkung

In der vorliegenden Schrift wird gewissermaßen ein Querschnitt durch Einsteins Denken und Schaffen auf den verschiedensten Gebieten — vornehmlich außerhalb der Physik — aufgezeigt, wobei das bei Einstein so häufig auftretende Wort „Vorurteil“ im Mittelpunkt der Betrachtungen steht. An Hand einer Vielzahl von Beispielen, die sich auf die Problemkreise „Vorurteil“ und „Denkgewohnheit“ beziehen, soll ein Einblick in Einsteins Denkweise gegeben werden. Dabei werden sowohl Einsteins Ringen um Erkenntnisfortschritt deutlich als auch seine damit verbundenen lebenslangen Anstrengungen zur Überwindung von Vorurteilen, z. B. durch kritisches Prüfen und Erkennen von Denkgewohnheiten. Im engen Zusammenhang damit steht seine konsequente Ablehnung von Dogmatismus aller Spielarten sowie sein glühendes Interesse für die Entwicklung menschlicher Formen des Zusammenlebens.

Einsteins Äußerungen sind eine Fundgrube für jeden, der sich für deren Wirkung und Rückwirkung auf die wissenschaftliche, historische und politische Situation der jüngsten Geschichte interessiert. Die ungewöhnlich lebendige und eindrucksvolle Sprachkunst Einsteins und seine Persönlichkeitsausstrahlung haben mit dazu beigetragen, klassisches Denken zu überwinden, überzeugende Antworten auf prekäre Fragen zu geben, die Zeitgenossen auf neue Wege der Physik zu leiten und Fesseln überlebter Vorstellungen und autoritärer Traditionen zu sprengen. Einstein führte zeitlebens einen leidenschaftlichen Kampf gegen jeglichen sich auf Autorität stützenden Glauben und gegen blinden Gehorsam.

Hier befindet er sich im Bund mit Galilei, zu dessen

Zeit der bloße Zweifel an der „Wahrheit“ autoritativer Auffassungen schon als todeswürdiges Verbrechen geahndet wurde. In seinem GALILEI-Vorwort schreibt Einstein dazu:

> „Wir sind zwar auch heute keineswegs so weit von einer solchen Situation entfernt, als sich viele von uns schmeicheln mögen; aber der Grundsatz, daß das Denken vorurteilsfrei sein soll, hat sich inzwischen wenigstens in der Theorie durchgesetzt, und die meisten sind bereit, diesem Grundsatz Lippendienste zu leisten.“ (1952)

Ersichtlich kommt es wesentlich darauf an, Einstein nicht sinngemäß oder aus zweiter Hand, sondern originalgetreu zu zitieren, wobei auch Zauber und Faszination seiner Sprache wirksam werden.

Für die Prüfung der Echtheit der hier wiedergegebenen Zitate Einsteins sowie für die freundliche Erlaubnis für ihren Abdruck bin ich Herrn Prof. Dr. OTTO NATHAN, dem langjährigen Freund und jetzigen Nachlaßverwalter Albert Einsteins (New York), zu großem Dank verpflichtet.

Neben der Literaturquelle (in eckigen Klammern), aus der der Zusammenhang des betreffenden Zitates entnommen werden kann, wird in runden Klammern das zugehörige Jahr angegeben. Die Literaturübersicht soll interessierte Leser an das wissenschaftliche Werk, die Gedankenwelt und an das Wirken des überragenden Gelehrten heranführen.

Dem Akademie-Verlag sei für die Aufnahme dieser Schrift in seine Wissenschaftlichen Taschenbücher, Reihe Texte und Studien, gedankt. Besonders herzlicher Dank gebührt Akademiemitglied Prof. Dr. Dr. e. h. HANS-JÜRGEN TREDER, dem stellvertretenden Vorsitzenden des Einstein-Komitees der DDR, für die mir ermöglichte Mitarbeit in der von ihm geleiteten Einstein-Forschung.

Am Zernsee bei Potsdam, August 1977

HORST MELCHER

> Im übrigen haben es diejenigen, die befähigt sind, sich von Vorurteilen zu befreien, nicht nötig, sich belehren zu lassen.
>
> DENIS DIDEROT

Einleitung

MAX PLANCK schrieb im Jahre 1910 in seinem Gutachten zur Berufung Albert Einsteins an die Universität Prag:

> „Wenn sich die Einsteinsche Theorie als zutreffend herausstellen sollte, wie ich es erwarte, wird er als Kopernikus des 20. Jahrhunderts gelten.“ [12, S. 172]

Bereits im Jahre 1909 stellte PLANCK die bahnbrechenden und epochemachenden Leistungen des erst 30jährigen Einstein denen des KOPERNIKUS gegenüber. In seiner Schrift „Acht Vorlesungen über theoretische Physik, gehalten an der Columbia-Universität in the City of New York“ [S 1, S. 117] bemerkt er, daß mit der durch das Prinzip der Relativität

> „im Bereich der physikalischen Weltanschauung hervorgerufene Umwälzung an Ausdehnung und Tiefe wohl nur noch die durch die Einführung des kopernikanischen Weltsystems bedingte zu vergleichen“

ist.

Den wesentlichen Inhalt des Lebenswerkes von N. KOPERNIKUS könnte man etwa wie folgt kennzeichnen: KOPERNIKUS hat durch die Begründung seines heliozentrischen Weltsystems die Denkgewohnheit eines geozentrischen Systems überwunden. Wie schwer ist es, Denkgewohnheiten als solche zu erkennen; und wie unvergleichlich schwerer ist es, diese zu überwinden!

In viel größerem Maße — mit weiterreichenden Folgen und Auswirkungen — zeigte A. Einstein, daß Denkgewohnheiten keine Denknotwendigkeiten zu sein brauchen, daß Denkgewohnheiten sogar Entwicklung und

Fortschritt hemmen können. Das Infragestellen von mitunter als völlig selbstverständlich erscheinenden Fakten und Sachverhalten sowie das Sichwundernkönnen über offenbar gänzlich klare Zusammenhänge ermöglichen ein tieferes Vordringen in wissenschaftliches Neuland. Die Richtigkeit der neuen Denkergebnisse wird an der experimentellen Praxis geprüft, die ihrerseits durch Informationen und Datenmaterial neue theoretische Überlegungen inaugurieren kann.

Eng verbunden mit diesem Grundzug, der Einsteins wissenschaftliches Wirken kennzeichnet, ist ein zutiefst menschlich-sympathischer Zug seiner Persönlichkeit, zeitlebens in allen Bereichen des menschlichen Daseins danach zu streben, Vorurteilen zu begegnen und diese zu überwinden.

> „Wenige sind imstande, von den Vorurteilen der Umgebung abweichende Meinungen gelassen auszusprechen; die meisten sind sogar unfähig, überhaupt zu solchen Meinungen zu gelangen.“ (Aphorismen Einsteins für Leo Baeck in [4, S. 105].)

Dieses Leitmotiv des Abrückens von Vorurteilen — eng verwandt mit der ständigen Prüfung von Denkgewohnheiten in der wissenschaftlichen Arbeit — bestimmte zahlreiche Handlungen Albert Einsteins auf vielen Gebieten auch außerhalb der Physik. Er überraschte oftmals damit, daß er mit Gewohnheiten im Denken und — folgerichtig — im Handeln brach.

> „Der gesunde Menschenverstand — das sind all die Vorurteile, die sich bis zum 18. Lebensjahr im Bewußtsein ausgebildet haben.“ [S 2]

Indem aber einmal dieses Faktum erkannt ist, hat man auch Möglichkeiten, diesen Zustand z. B. über das Schul- und Bildungssystem zu beeinflussen und zu ändern.

Im folgenden wird an Hand einiger ausgewählter Beispiele aus Einsteins wissenschaftlichen Arbeiten gezeigt, welche Rolle Denkgewohnheiten und deren Überwindung gespielt haben. Daraus kann die heranwachsende Jugend möglichst frühzeitig und eindringlich lernen, wie man „Fakten“ gegenübertreten und wie man sich mit den geeigneten Denkmethoden vertraut machen sollte. Das häufig zitierte „Umlernen“ bei der Berührung mit der neueren Physik ist nicht (in dem Maße) notwendig, wie man es heute noch antreffen kann.

Zunächst werden typische Denkergebnisse der Speziellen Relativitätstheorie (SRT) und der Allgemeinen Relativitätstheorie (ART) dargestellt und danach einige Beispiele angeführt, die sich auf andere bedeutende wissenschaftliche Arbeiten Einsteins beziehen. Schließlich wird Einsteins Denken und Handeln unter dem Aspekt der Vorurteilslosigkeit außerhalb seiner wissenschaftlichen Arbeiten betrachtet.

1. Einsteins wissenschaftliches Wirken

1.1. Zum Michelson-Experiment

Beim MICHELSON-Experiment geriet das klassische Denken in Widerspruch mit den Tatsachen, den Meßergebnissen. Nach klassischer Vorstellung wurde nämlich erwartet, daß ein Lichtsignal zum Durchlaufen einer in Richtung der Lichtgeschwindigkeit bewegten Meßstrecke eine längere Zeit brauchen würde, als tatsächlich gemessen wird. Das Licht braucht zum Durchlaufen dieser (gleichförmig und geradlinig) bewegten Meßstrecke dieselbe Zeit wie für die in Ruhe befindliche Strecke. Zum Verständnis dieses experimentellen Resultates mußten die Denkvoraussetzungen analysiert und den natürlichen Gegebenheiten (Fakten, Experimenten, Erfahrungen) angepaßt werden. Die endgültige Abkehr von althergebrachten Denkweisen vollzog sich aber erst nach langen und harten Auseinandersetzungen. Man hat es mit dem MICHELSON-Experiment zu tun, wie es tatsächlich verlief, und nicht wie man es sich lange Zeit vorgestellt (oder gewünscht) hatte. Man kann sich wohl unendlich schnelle Signale wünschen oder vorstellen, bloß man kann damit keine Physik betreiben: Da es solche Signale nicht gibt, ist es sinnlos, sie in reale Überlegungen einzubeziehen. Überlegungen solcher Art scheiden als Denkmöglichkeiten somit selbstverständlich aus.

MICHELSON selbst, der 1931 mit Einstein zum ersten und einzigen Mal als 79jähriger zusammentraf, bezweifelte die Relativitätstheorie bis zu seinem Tode. Er war darüber betrübt, daß sein Experiment für die Geburt eines solchen „Monsters" mit verantwortlich gewesen sein soll [S 3].

MICHELSONS Name steht hier stellvertretend für eine

Reihe hervorragender Physiker, denen es nicht gelungen ist, sich von überholten und nicht zutreffenden Denkvoraussetzungen zu trennen und sich der von Einstein eingeführten naturgemäßen physikalischen Denkweise zu bedienen.

Das Ergebnis des Michelson-Experimentes steht im Konflikt mit vorgefaßten Ideen über die Addition der Geschwindigkeiten. Dieser Konflikt wird gegenstandslos, wenn man das Einsteinsche Postulat von der Konstanz der Vakuum-Lichtgeschwindigkeit akzeptiert. Dieses Postulat ist in der Nachfolgezeit in vielfältigster Weise experimentell verifiziert worden. In keinem Fall ergab sich jemals eine größere Ausbreitungsgeschwindigkeit für eine Wirkungskette als die Vakuum-Lichtgeschwindigkeit.

Einstein selbst gelangte nicht durch die Analyse des Michelson-Experimentes zur SRT, sondern auf anderen Wegen. Schließlich muß erwähnt werden, daß außer diesem Experiment noch weitere Experimente erst durch die SRT physikalisch verstanden werden konnten.

1.2. Zum Einsteinschen Additionsgesetz der Geschwindigkeiten

Das von Einstein begründete und von anderen Physikern in jeder Weise experimentell geprüfte und bewährte Gesetz für die Addition von Geschwindigkeiten führt zu der überraschenden und bemerkenswerten Erkenntnis, daß man Geschwindigkeiten nicht im herkömmlichen Sinn addieren darf. Die Addition zweier gleichgerichteter Geschwindigkeiten u_x' und v nimmt man gewohnheitsmäßig (nach Galilei) durch folgende Summenbildung vor: $u_x = u_x' + v$.

Hiernach würde man bei normalen Fahrgeschwindigkeiten $u_x' = 45\ \mathrm{km \cdot h^{-1}}$ und $v = 30\ \mathrm{km \cdot h^{-1}}$ als Ergebnis einer Geschwindigkeitsmessung $u_x = 75\ \mathrm{km \cdot h^{-1}}$ erwarten. Tatsächlich ergibt sich aber — theoretisch — der Wert $u_x = (75 - 8{,}7 \cdot 10^{-14})\ \mathrm{km \cdot h^{-1}}$

$= 74{,}999\,999\,999\,999\,913\ \text{km} \cdot \text{h}^{-1}$. Die Abweichungen zwischen dem Meßwert und dem theoretischen Wert sind bei diesen geringen Geschwindigkeiten unmeßbar klein.

Wenn c die höchste vorkommende Geschwindigkeit ist, so kann die resultierende Geschwindigkeit u_x selbstverständlich nie größer als c werden. Selbst wenn $u_x' = c$ und $v = c$ ist, erhält man als Additionsergebnis nicht etwa $2c$, sondern nur c. Das Einsteinsche Additionsgesetz für Geschwindigkeiten lautet

$$u_x = (u_x' + v)/(1 + u_x' v/c^2).$$

Man sieht ohne weiteres, daß u_x stets kleiner als $u_x' + v$ ist, da diese „übliche" Summe noch durch einen Wert $(1 + u_x' v/c^2)$ dividiert werden muß. Dieses Einsteinsche Additionstheorem gilt allgemein, es umfaßt die Galileische Geschwindigkeitstransformation ($u_x = u_x' + v$) als einen Grenzfall für kleine Geschwindigkeiten.

Bei hohen Teilchengeschwindigkeiten (Hochenergiephysik) treten dagegen Unterschiede zwischen beiden Beziehungen drastisch in Erscheinung. So ergibt z. B. die Addition der Geschwindigkeiten $u_x' = c/2$ und $v = c/2$ nicht etwa $u_x = c/2 + c/2 = c$, sondern nur $u_x = 0{,}8c$.

Die Hochenergieanlagen würden nicht funktionieren, wenn man an dem Galileischen Additionsprinzip festhielte. Diese Anlagen sind zugleich ein ständiger experimenteller Prüfstein für die Gültigkeit des Einsteinschen Additionsprinzips.

Das richtige Additionsgesetz für Geschwindigkeiten wurde nicht etwa aus empirischen Daten oder Meßreihen erschlossen, sondern von Einstein nach einer tiefgreifenden Analyse des Raum- und Zeitbegriffs theoretisch gefunden. Einstein hat die Denkvoraussetzungen kritisch geprüft und in der Weise abgeändert, daß die Theorie den experimentellen Gegebenheiten angepaßt wurde. So muß z. B. das Vorurteil aufgegeben werden, daß Raum und Zeit absolute Größen und demzufolge für alle Beobachter unveränderlich seien. Heute ist es selbstverständlich, daß verschiedene Beobachter, die sich unbeschleunigt gleichförmig relativ zueinander bewegen, über die Feststellung von Zeitpunkten zu unterschiedlichen Ergebnissen kommen.

Derartige Unterschiede (Meinungsverschiedenheiten) zwischen diesen Beobachtern bemerkt man „normalerweise“ nicht, weil die auftretenden Geschwindigkeiten viel kleiner als die Lichtgeschwindigkeit sind.

Bei größeren Geschwindigkeiten aber steht nur die Relativitätstheorie — nicht die klassische Physik der Alltagserfahrungen — im Einklang mit den Meßresultaten. Schwierigkeiten beim Verständnis der Relativitätstheorie ergeben sich häufig dort, wo ungerechtfertigte Vorurteile oder vorgefaßte Meinungen verletzt werden, die intuitiv auf Erfahrungen und daraus abgeleiteten Schlußfolgerungen beruhen, aber in den Gültigkeitsbereich der Gesetze für kleine Geschwindigkeiten ($v \ll c$) fallen. Diese Schwierigkeiten sind gegenstandslos, wenn Erfahrungen in extrem hohen Geschwindigkeitsbereichen vorliegen, dann kann mit derselben Intuition verfahren werden, die Ergebnisse wären von vornherein „vernünftig“ und würden einem „gesunden Menschenverstand“ nicht widersprechen.

1.3. Zur Ätherhypothese

Eng mit dem Ergebnis des Michelson-Experimentes, das man — nach Einstein — nicht „interpretieren“, sondern anerkennen sollte, ist die Abkehr von der Ätherhypothese verbunden. Wir wissen heute auf Grund der Arbeiten von Einstein, daß eine Äthervorstellung, wonach für die Ausbreitung des Lichtes (der elektromagnetischen Wellen) im Vakuum ein Träger für diese Wellen existieren soll, nicht denknotwendig ist. Diese Hypothese ist experimentell nie bewiesen worden und schließlich auch theoretisch nicht erforderlich. Sie hat nur eine Interimsrolle in der historischen Entwicklung gespielt.

Es wird mitunter in der Lehrbuchliteratur nicht genügend deutlich hervorgehoben, daß diese zeitweilig diskutierte Hypothese der Vergangenheit angehört und möglicherweise das Denken der Lernenden beim Einarbeiten in die Einsteinschen Gedankengänge unnötig belastet. So lebt dieser „Begriff" hier und dort weiter, ohne daß seine begrenzte historische Rolle deutlich gemacht wird. Ähnliches gilt ja auch bei dem Bohrschen Atommodell, wo die „berühmten" Elektronenbahnen ebenfalls keine physikalische Bedeutung haben und deshalb aus der Physik verbannt sind. Ihre Hypothese ist ebenfalls längst überwunden und sollte nur in der historischen Bedeutung und Rückschau gewürdigt werden.

Zu seinem Mitarbeiter E. Straus sagte Einstein einmal [27, S. 70]

> „Zwei Dinge sind zu unserer Arbeit nötig: Unermüdliche Ausdauer und die Bereitschaft, etwas, in das man viel Zeit und Arbeit gesteckt hat, wieder wegzuwerfen."

Das Einsteinsche Prinzip von der Konstanz der Vakuum-Lichtgeschwindigkeit (in der SRT) zwang zur Aufgabe der Ätherhypothese. Das Abrücken von der Äthervorstellung fiel insbesondere gewissen konservativen Physikern schwer, die an einer „Anschaulichkeit" festhalten wollten. Dazu bemerkte Einstein in einer Auseinandersetzung mit Lenard auf einer Tagung in Bad Nauheim:

> „Ich möchte sagen, daß das, was der Mensch als anschaulich ansieht, und was nicht, gewechselt hat. Die Ansicht über Anschaulichkeit ist gewissermaßen eine Funktion der Zeit. Ich meine, die Physik ist begrifflich und nicht anschaulich. Als Beispiel über die wechselnde Ansicht über Anschaulichkeit erinnere ich Sie an die Auffassung über die Anschaulichkeit der Galileischen Mechanik zu den verschiedenen Zeiten." [E 18, S. 666] (1920)

An die Überwindung der Äthervorstellung könnte auch das weise Wort des alten Einstein erinnern:

> „Diese Welt ist so ungeheuer interessant, wenn man sie mit objektiven Augen ansieht und nicht darnach, was wir glauben, daß sein sollte — und nicht ist." [27, S. 58] (1948)

Zweifellos spielt die Einsteinsche Art des wissenschaftlichen Denkens und Umgangs mit Hypothesen auch eine Rolle z. B. bei der religiösen Frage eines persönlichen Gottes bzw. der traditionsgemäßen religiösen Auffassung; siehe dazu 2.1.

1.4. Zur Masse-Energie-Beziehung

Das einfache Additionsverfahren gerät nicht nur bei der Geschwindigkeitszusammensetzung in Widerspruch zu den Sachverhalten, sondern z. B. auch bei der Zusammensetzung von Atomkernen aus seinen Nukleonen. Es erweist sich nämlich, daß die Gesamtmasse des Kernes kleiner als die Summe der Einzelmassen der Nukleonen ist. Die Aufklärung dieses Sachverhaltes, wonach ein Massendefekt besteht, erfolgte durch die Einsteinsche SRT, die lange vor Bekanntwerden dieser experimentellen Befunde existierte, nämlich durch die Grundbeziehung $E = mc^2$, die — nach Einstein — das wichtigste Ergebnis der SRT ist.

Diese Grundbeziehung verkörpert die Verallgemeinerung und Vereinheitlichung des Massen- und Energieerhaltungssatzes, die bis zur Begründung der SRT ein getrenntes Dasein führten. Die Denkgewohnheit der generellen Verschiedenartigkeit ist damit überwunden. Heute ist es geläufig, daß die Ruh(massen)energie $E_0 = m_0c^2$ keine Erhaltungsgröße ist; sie kann in andere Energieformen umgewandelt werden. Die Revision der Denkgewohnheit des Masse-Energie-Verhältnisses hat sowohl zu Fortschritten in der Wissenschaft als auch in der Technik und in der gesamten menschlichen Gesellschaft geführt.

1.5. Zur Relativität der Zeit (Zeitdilatation)

Das weithin aufregendste und dramatischste Ergebnis der SRT war die Relativierung der Zeit und die daraus gezogene Folgerung des ungleich raschen Alterns, die Tatsache also, daß die Zeit keine absolute Größe ist. Untrennbar damit ist die Relativierung des Raumes verbunden, worauf hier nicht weiter eingegangen werden kann.

Dieses Resultat der SRT wurde in vielen Kreisen heftig erörtert und blieb häufig unverstanden, da es mit dem sogenannten gesunden Menschenverstand anscheinend nicht zu vereinbaren sei; denn jeder glaubt zu wissen — auf Grund seiner physiologischen und psychologischen Erfahrungen —, was Zeit ist.

Einstein hat diese Erfahrungen und die intuitiven Begriffe kritisch analysiert und gefunden, daß es ein Vorurteil ist, Raum und Zeit — wie in der NEWTONschen Physik — als getrennt und unabhängig voneinander aufzufassen. Er begründete in der SRT die Einheit von Raum und Zeit und in der ART die Einheit von Raum-Zeit und Materie (Gravitation). Diesbezüglich gibt es eine klassische Formulierung Einsteins:

> „Früher hat man geglaubt, wenn alle Dinge aus der Welt verschwinden, so blieben noch Raum und Zeit übrig, nach der Relativitätstheorie verschwinden aber Raum und Zeit mit den Dingen." [12, S. 296] (1921)

Die Untersuchung des Begriffes „Gleichzeitigkeit" zeigte, daß es keine absolute Gleichzeitigkeit gibt, daß die Messung (räumlich getrennter) „gleichzeitiger" Ereignisse vom Bewegungszustand des jeweiligen Laboratoriums

(Beobachter) abhängt. Wegen der endlichen Laufzeit des Lichtes muß man unterscheiden zwischen gleichzeitig geschehen und gleichzeitig gesehen. Einstein zeigte, daß physikalische Begriffe eben nicht mit den Vorstellungen und dem Vokabular der Alltagssprache erfaßbar und insofern einer solchen Anschauung nicht direkt zugänglich sind.

Der Begriff „Gleichzeitigkeit" hat nur einen Sinn, wenn das Zutreffen oder Nichtzutreffen in Experimenten konstatierbar ist. Die vorrelativistische Physik war insofern unkritisch, als sie eine Methode zur Feststellung der Gleichzeitigkeit distanter Ereignisse nicht für notwendig hielt und nicht angab. Nach Einstein erhält ein Begriff seine Daseinsberechtigung nur durch seine klare und eindeutige Verknüpfung mit physikalischen Erfahrungstatsachen.

Der Begriff „Gleichzeitigkeit" existiert also erst dann für den Physiker, wenn im konkreten Fall festgestellt werden kann, ob der Begriff zutrifft oder nicht. Die Definition schließt auch eine Methode ein, nach welcher aus Experimenten entschieden werden kann, ob zwei Ereignisse gleichzeitig sind oder nicht.

Es ist immer wieder aufschlußreich, wie schwer Lernende sich von dem Vorurteil und der Denkgewohnheit einer überall einheitlich ablaufenden Zeit, eines durchweg geltenden einheitlichen Zeitmaßes, lösen können. Sie wünschen sich oftmals (insgeheim), daß man sich unmittelbar plausibel vorstellen könne, wie und warum Zeitdilatation zustande kommt. Dieses Bemühen um die Frage „warum" führt aber zu keinem Ergebnis, da es auf Bestrebungen und Gewohnheiten beruht, die in Alltagsbereichen entstanden sind und auf andere Bereiche nicht ohne weiteres ausgedehnt bzw. extrapoliert werden können und dürfen. Viele Fragen nach dem „Warum" beantwortet die Physik nicht. Derartige Warum-Fragen können für den Lernenden hemmend wirken. Es ist aber von Vorteil zu sagen, wo von Anfang an auf Kausalerklärungen verzichtet wird;

denn nicht in jeder Theorie handelt es sich um den Ablauf von Ursache-Wirkungsketten. Das ist auch nicht in der klassischen NEWTONschen Physik der Fall. Ein solcher Hinweis ist sehr zweckmäßig bei der Relation zwischen Kraft, Masse und Beschleunigung, denn es ist ein Irrtum, daß in Gleichungen Ursache und Wirkung miteinander verbunden sind.

Tatsächlich ist es so, daß zum Begreifen der Einsteinschen Theorie mehr gehört als nur der gute Wille; und daß man von der Physik etwas verstehen muß, um insbesondere in der ART und in der Einheitlichen Feldtheorie „mitreden" zu können, braucht nicht besonders betont zu werden.

Einstein schuf Begriffe, die der Sphäre der unmittelbaren Erfahrung ferner stehen, die aber ein tieferes Begreifen der Zusammenhänge ermöglichen. Das wird bei künftigen Theorien noch mehr ausgeprägt sein. Es ist durch nichts gerechtfertigt, daß eine Theorie „anschaulich" sein müsse. Durch bloßes Aneinanderreihen von Sinneswahrnehmungen können keine Begriffe gebildet werden; die Erkenntnis physikalischer Gesetze kann zwar durch Beobachtung und Experiment angeregt, aber niemals durch sie allein bewirkt werden [27, S. 73].

Die weitreichenden Folgerungen der Raum-Zeit-Einheit wurden häufig am Beispiel des Uhren- oder Zwillingsparadoxons erörtert. Hiernach sollte ein mit großer Geschwindigkeit — möglichst nahe der Lichtgeschwindigkeit — reisender Weltraumfahrer weniger rasch altern als die zurückbleibenden Erdbewohner. Diese erforderlichen hohen Geschwindigkeiten und langen Reisezeiten können heute noch nicht realisiert werden. Mitunter erscheint es etwas ferner liegend, wenn man darauf hinweist, daß die Richtigkeit der Zeitdilatation bei Experimenten mit hochenergetischen Elementarteilchen bestätigt wird. Die Präzision der Zeitmessung hat aber gegenwärtig bereits einen so hohen Grad erreicht, daß man Gangunterschiede zwischen ruhenden und bewegten Uhren bzw. auch zwischen Uhren in ungleich starken Gravitationsfeldern in Überschallflugzeugen direkt messen kann. Damit kann also direkt überzeugend bestätigt werden, wie wirklich die Zeitdilatation der SRT und der ART ist. Von HAFELE und KEATING wurden 1971 solche Experimente mit in Flugzeugen transportierten Cäsium-Atomuhren durchgeführt. Die gemessene Zeitdilatation gegenüber den auf der Erde stationierten Uhren stimmt mit der gemäß der SRT und ART berechneten überein [S 4].

Es sei darauf hingewiesen, daß ein Teil des Meßresultates durch den Effekt, der von der SRT beschrieben wird, ein anderer Teil durch den gemäß der ART geforderten bedingt ist. Der Uhrengang, die Zeitdilatation also, hängt in der Weise vom Gravitationsfeld ab, daß eine Uhr in größerer Höhe (geringeres Gravitationsfeld) rascher geht als in unmittelbarer Nähe einer gravitierenden Masse.

1.6. Allgemeine Relativitätstheorie, Gravitation und Geometrie

Die glanzvollste Leistung Albert Einsteins ist zweifellos die Begründung der ART. Er überträgt in dieser Theorie das Relativitätsprinzip auf beliebig zueinander bewegte Bezugssysteme; das bedeutet, daß die physikalischen Gesetze invariant sein müssen gegenüber beliebigen (nichtlinearen) Koordinatentransformationen.

Das Sichwundernkönnen und das Nachdenken über die offenbar so selbstverständliche Erfahrungstatsache, daß die träge Masse gleich der schweren Masse ist, was die klassische Physik eben nicht erklären kann, war für Einstein der empirische Ausgangspunkt für die Schaffung der ART. Diese Gleichheit der trägen und der schweren Masse eines Körpers muß nicht von vornherein selbstverständlich sein; denn warum sollten gleiche Körper verschiedener Stoffe im Vakuum nicht verschieden schnell fallen? Einstein folgerte diese Gleichheit aus der lokalen Äquivalenz von Gravitationsfeld und beschleunigter Bewegung. So konnte er die gemeinsame Wurzel der verschiedenen Erscheinungen „Trägheit“ und „Gravitation“ aufzeigen, wozu ihm u. a. auch die berühmten Denkexperimente (Gedankenexperimente) mit den Beobachtungen von Experimentatoren dienten, die sich in einem freifallenden Labor (Kasten) befinden. Er nahm damit gewissermaßen auch Beobachtungstatsachen vorweg, die Jahrzehnte später dann zum Erfahrungsschatz der Kosmonauten bzw. Astronauten zählten.

In der vorrelativistischen Physik hatte der Raum a priori eine euklidische Struktur. Diese „Selbstverständlichkeit“ wurde von Einstein als Vorurteil erkannt und in der ART revidiert. Einstein zeigte, daß es durchaus nicht denknotwendig ist, die euklidische Geometrie auch auf beliebig große Maßstäbe des Kosmos zu extrapolieren. Es ist durch nichts gerechtfertigt, nur in den Vorstellungen der euklidischen Geometrie, also der Geometrie der Ebene, zu denken. Nach Einstein muß man die Denkmöglichkeit der nichteuklidischen Geometrien zulassen. Die Prüfung der experimentellen Resultate wird dann ergeben, ob die euklidische oder eine nichteuklidische Geometrie in Übereinstimmung mit der Erfahrung ist.

Die euklidische Geometrie kann unsere Alltagserfahrung lückenlos bestätigen, sie reicht aber nicht aus, die Geometrie des Weltenraumes im großen Maßstab zu erklären. Denn auch in der nichteuklidischen Geometrie können hinreichend kleine Dreiecke durchaus als euklidisch betrachtet werden.

Hinter dem oft anzutreffenden Begriff der „Raumkrümmung“ verbirgt sich weiter nichts als die Aussage, ob eine Abweichung gegenüber der euklidischen Geometrie vorliegt. Es ist aus elementaren Überlegungen allgemein bekannt, daß die Winkelsumme von Dreiecken auf Kugeloberflächen (konstanten Krümmungsmaßes) mehr als 180° betragen kann, auf sattelartigen Flächen (konstanten Krümmungsmaßes) hingegen weniger als

180°; in der euklidischen Geometrie der Ebene (Krümmungsmaß Null) ergibt sich stets genau 180°.

Tatsächlich zeigen Messungen, daß Licht und Radiowellen in der Nähe schwerer Massen (Sonne) abgelenkt werden und daß Radarsignale, die an der Venus oder am Merkur reflektiert werden, wobei sie die Sonne in unmittelbarer Nähe passieren, eine längere Laufzeit aufweisen. Die Meßergebnisse bestätigen damit die Auffassung, daß der Raum in der Nähe gravitierender Massen gekrümmt und damit nichteuklidisch ist. Das bedeutet anschaulich, daß ein riesenhaftes Dreieck im Weltraum — fern von gravitierenden Massen, also bei vernachlässigbarem Gravitationsfeld — verzerrt, also nichteuklidisch wird, wenn man in sein Inneres eine Sonne hineinbringt. Diese Verzerrung gilt natürlich auch für beliebig andere geometrische Figuren, nicht nur für Dreiecke. Damit ist die Krümmung des Raumes ein Maß für die Massenverteilung — und die Geometrie eine Erfahrungswissenschaft, ein Gebiet der Physik.

In dem NEWTONschen Attraktionsgesetz der Gravitation tritt die Schwerkraft als eine „Fernkraft" auf, die sich demzufolge mit unendlich großer Geschwindigkeit zwischen den gravitierenden Massen ausbreiten müßte. Eine solche „Fernkraft", die gleichbedeutend ist mit einer Energie- oder Signalübertragung ohne Zeitverzögerung, die also instantan (unmittelbar) wirkt, steht im Widerspruch zur SRT, wonach physikalische Wirkungen sich höchstens mit der Vakuum-Lichtgeschwindigkeit ausbreiten können.

Das NEWTONsche Gesetz gilt mit hinreichender Genauigkeit nach wie vor in der klassischen Astronomie. Es ergibt sich aus der Einsteinschen Gravitationstheorie, die ein Teilgebiet der ART ist, als Näherungslösung. Tatsächlich folgt es aus der logisch richtigen Auffassung einer Nahwirkungstheorie, aus der durch Massenverteilung bedingten Veränderung der Raumzeit-Struktur und der dadurch bedingten Maßverhältnisse. Die Einsteinsche Theorie geht — abgesehen von den naturgemäßen Grundlagen — weit über die NEWTONsche hinaus und führt zu einer Reihe von Effekten, die durch die Meßergebnisse im Rahmen der derzeit erreichten Genauigkeit bestätigt sind. So werden nach Einstein keine Gesetze in die Natur hineinprojiziert, sondern aus ihr herausgelesen — vorurteilsfrei.

Mit der ART wurde durch Einstein auch die wissenschaftliche Kosmologie begründet und somit das Denken über die Entwicklung und Struktur des Weltalls jedes Mystizismus entkleidet. Die Einsteinschen Feldgleichungen lassen viele Lösungen zu und damit auch eine Anzahl von Denkmöglichkeiten (Modellen) über die Struktur des Makrokosmos. Welches Modell nun zutreffend ist, darüber entscheiden natürlich die Prüfungen an der Erfahrung. Erst bei Übereinstimmung wird über Denkmöglichkeiten und Denknotwendigkeit entschieden.

Beispielsweise müßte die Zahl der Galaxien in einem Universum positiver Raumkrümmung schwächer, in einer negativen Krümmung stärker als mit der dritten Potenz der Entfernung zunehmen. Vorläufig ist aber eine Unterscheidung zwischen Evolutionseffekt und Krümmungseffekten nicht möglich. Somit kann gegenwärtig noch keine empirische Entscheidung zwischen den Denkmöglichkeiten, also zwischen den theoretisch möglichen Krümmungen, zwischen einzelnen Weltmodellen herbeigeführt werden.

Die aus der ART folgende „Expansion des Universums", die in ihrer Bedeutung mit der Begründung des kopernikanischen Weltbildes verglichen werden kann, wurde ein Jahrzehnt nach ihrer theoretischen Erkenntnis von E. P. HUBBLE als Rotverschiebung der Spiralnebel entdeckt. So bestimmt auch hier die empirische Forschung, die hier erst am Anfang steht, unter den Denkmöglichkeiten diejenige als denknotwendig, die mit der Realität in Übereinstimmung ist. — Seit 1965 ist ein weiterer experimenteller Beleg für das Modell des expandierenden Universums bekannt geworden: die Reliktstrahlung, auch Hintergrund-, Urstrahlung oder 3-Kelvin-Strahlung genannt.

In der ART sind eine Vielzahl von Denkmöglichkeiten enthalten, so daß die von Einstein begründete Art und Weise der Naturbeschreibung nicht nur gegenwärtig, sondern auch in Zukunft noch zahlreiche Physiker, Mathematiker, Astronomen und Philosophen beschäftigen und in ihren Bann ziehen wird. So konnten die im Jahre 1968 entdeckten Pulsare als „Neutronensterne" identifiziert werden, die bei einem Gravitationskollaps entstehen; z. B. ist Hercules X1 ein Pulsar und damit ein (denkmöglicher) Neutronenstern.

Bei der Untersuchung extrem starker Gravitationsfelder, unter deren Wirkung nicht einmal das Licht und erst recht keine anderen Signale nach außen gelangen, spielen Sterne eine große Rolle, deren Radien gleich oder kleiner als der SCHWARZSCHILD-Radius sind; die zugehörigen Objekte, die unsichtbar bleiben, bezeichnet man als „schwarze Löcher". Unter bestimmten Bedingungen kann ein Gravitationskollaps (für Massen größer als die 10fache Sonnenmasse) zu einem solchen „schwarzen Loch" (black hole) führen. Sie stehen gegenwärtig im Blickpunkt der experimentellen Gravitationsphysik, die nach bestimmten Methoden zur Entdeckung dieser Objekte sucht und die Röntgenquelle Cygnus X1 auch als (denkmögliches) schwarzes Loch im Sternbild des Schwans identifiziert hat.

Die Entdeckung der Tatsache, daß die euklidische Geometrie nicht denknotwendig ist, daß Denkmöglichkeiten einer nichteuklidischen Struktur des Universums (der Einheit Raum-Zeit-Gravitation) geprüft werden müssen, war eine wichtige und weitreichende Leistung der Einsteinschen ART. Einstein hat mit seiner Theorie und der wissenschaftlichen Begründung der Kosmologie eine Entwicklung eingeleitet, die in jüngster Zeit einen hohen Grad von Aktualität erreicht hat. Einsteins Theorien enthalten noch viele offene Fragen und Probleme; sie stellen den nächsten Generationen noch umfangreiche Aufgaben, nicht zuletzt auch im Hinblick auf die Verschmelzung der Gravitationstheorie mit der Quantenphysik.

1.7. Zu einigen wissenschaftlichen Arbeiten Einsteins außerhalb der Relativitätstheorie

Einsteins Lebensleistung ist keineswegs auf die Schaffung und den Ausbau der RT beschränkt. Er sagte selbst einmal:

> „Warum schwatzen die Leute immer von meiner Relativitätstheorie? Ich habe doch noch andere brauchbare Sachen gemacht, vielleicht sogar noch bessere. Aber davon nimmt das Publikum überhaupt keine Notiz.“ [26, S. 336]

Von Einsteins Genialität zeugen viele andere fachwissenschaftliche Arbeiten, die ebenfalls grundlegende Bedeutung erlangt haben. Aus dem umfangreichen Schriftenverzeichnis [B 1 bis B 5] seien hier nur einige ausgewählt, die das Erschließen neuer Denkmöglichkeiten zeigen.

In dem Jahrgang 1905 der Annalen der Physik, der die berühmte Arbeit „Zur Elektrodynamik bewegter Körper“ (S. 891—921) enthält, die als Einsteins Schöpfung der SRT gilt, findet man noch weitere Arbeiten Einsteins, von denen jede einzelne ebenfalls den Weltruhm des Gelehrten hätte begründen können. Zunächst sei die Abhandlung „Über einen die Erzeugung und Verwandlung des Lichtes betreffenden heuristischen Gesichtspunkt“ genannt (S. 132—148).

Diese Arbeit wurde in der Verleihungsurkunde des Nobelpreises für Physik des Jahres 1921, den Einstein 1922 erhielt, gesondert erwähnt. Mit dieser Arbeit wurde die Denkmöglichkeit der Lichtquanten (Photonen) begründet. Von M. Planck war 1900 eine neue Naturkonstante h, das Wirkungsquantum, in die Physik eingeführt worden; demzufolge wurden die Prozesse der

Energieabgabe (Emission) und der Energieaufnahme (Absorption) der Atome als diskret, d. h. gequantelt behandelt. Einstein übertrug folgerichtig die Idee der Quantelung auf den Energiestrom des Lichtes selbst, das danach aus einzelnen Quanten (Korpuskeln) der Energie $E = h\nu$ besteht. Mit dieser Einsteinschen Arbeit kam die PLANCKsche Entdeckung, die einige Jahre fast vergessen schien, zum eigentlichen Durchbruch. Die Einsteinsche Gleichung $h\nu = eU + W_A$ stellt als Energiebilanz den physikalischen Sachverhalt des äußeren lichtelektrischen Effektes dar.

In der zweiten Arbeit des genannten Jahrgangs 1905 „Die von der molekularkinetischen Theorie der Wärme geforderte Behandlung von in ruhenden Flüssigkeiten suspendierten Teilchen" (S. 549—560) wird das theoretische Fundament und die Deutung des Phänomens der BROWNschen Bewegung gegeben. In den folgenden Jahren ist Einstein auf diese Thematik in weiteren Publikationen des öfteren zurückgekommen. Die geniale Leistung Einsteins wird nicht nur dadurch deutlich, daß er zu dieser seit BROWN (1927) bekannten Schwankungserscheinung stieß ohne Kenntnis der experimentellen Arbeiten, sondern auch vor allem, wenn man sich vergegenwärtigt, welche Bemühungen überhaupt von seiten der Physiker aufgewandt worden sind, um die BROWNsche Bewegung quantitativ darzustellen. Diese Situation wird besonders instruktiv in einem Band der Sammlung „Die Wissenschaft" Bd. 52 Braunschweig 1913, in dem G. L. DE HAAS-LORENTZ — die Tochter von H. A. LORENTZ — die vielen Arbeiten zur Aufklärung des Schwankungsphänomens darstellt. Ohne Ausnahme wird da z. B. geglaubt, daß die Geschwindigkeit der BROWNschen Teilchen eine Rolle spielt, da man meinte, sie messen zu können, und daß man einzelne Parameter ermitteln müsse, von denen diese Geschwindigkeit abhängt. Dieses Vorurteil hob Einstein auf, indem er — ohne Kenntnis dieser Arbeiten — zeigte, daß man über die Geschwindigkeit dieser Teilchen gar keine Aussage machen kann, da hier eine statistische Größe, das mittlere Verschiebungsquadrat $\overline{\Delta x^2}$ bei der Lageänderung der Teilchen die entscheidende Rolle spielt:

$$\overline{\Delta x^2} = \frac{kT}{3\pi\eta r} \cdot \Delta t;$$

die Lageänderung Δx wird in den jeweiligen Zeitintervallen Δt genommen. Es hängt $\overline{\Delta x^2}$ nur von der Temperatur T, der Viskosität η des Mediums und dem Teilchenradius r ab, k ist die Boltzmann-Konstante.

> „Dabei entdeckte ich, daß es nach der atomistischen Theorie eine der Beobachtung zugängliche Bewegung suspendierter mikroskopischer Teilchen geben müsse, ohne zu wissen, daß Beobachtungen über die Brownsche Bewegung schon lange bekannt waren.“ [25, S. 18]

Hier muß man auch daran erinnern, daß die Auffassung von tatsächlich existierenden Atomen 1905 sich noch nicht überall durchgesetzt hatte. Das Phänomen der Brownschen Bewegung ist durch Einsteins theoretische Leistung ein exzellenter Beleg für die Existenz von Atomen geworden. So zeigt diese Arbeit wieder besonders deutlich die Art und Weise des Einsteinschen Denkens, die Methoden seiner Erkenntnisfindung, die für die Entwicklung der Physik so überaus fruchtbar und entscheidend waren.

Von herausragender Bedeutung sind auch Einsteins weitere Beiträge zur Quantenphysik, beispielsweise über die „Plancksche Theorie der Strahlung und die Theorie der spezifischen Wärme“, insbesondere seine Arbeiten zur Quantenphysik der Strahlung mit darin enthaltenen statistischen Untersuchungen, z. B. die statistische Herleitung des Planckschen Strahlungsgesetzes, so daß man von wegbereitenden und bahnbrechenden Arbeiten Einsteins auf dem Gebiet der physikalischen Statistik und Quantentheorie sprechen kann. Die Ergebnisse seiner damaligen Analysen sind längst als allgemeiner Erkenntnisfortschritt akzeptiert worden: das Dualitätsproblem der Auffassung von Welle und Korpuskel.

In seiner Quantentheorie der Strahlung sind die theoretischen Grundlagen der Laser enthalten, die erst 40 Jahre später durch entsprechende Entwicklungen der Technologie in spektakulärer Weise ins technische Dasein traten.

Bei Einsteins wissenschaftlichen Arbeiten muß auch gewürdigt werden, daß er experimentellen Arbeiten [S 5] und technischen Anwendungen durchaus nahestand — er ist u. a. Mitinhaber von Patenten [S 6]. Über seine Studentenzeit sagt Einstein (1946) u. a.:

> „Ich aber arbeitete die meiste Zeit im physikalischen Laboratorium, fasziniert durch die direkte Berührung mit der Erfahrung.“ [25, S. 6]

Über die Experimente, die Einstein gemeinsam mit de Haas in der Physikalisch-technischen Reichsanstalt in Berlin durchführte, schrieb er am 12. 2. 1915 an seinen Freund M. Besso:

> „Ein wundervolles Experiment, schade, daß Du's nicht siehst. Und wie heimtückisch die Natur ist, wenn man ihr experimentell beikommen will! Ich bekomme in meinen alten Tagen noch eine Leidenschaft für das Experiment.“ [10, S. 58] (1915)

Diese experimentellen Ergebnisse — als Einstein-de-Haas-Effekt bekannt geworden — hatten für die Physik noch eine grundlegende Bedeutung erlangt, da der Wert der spezifischen Ladung des Elektrons, den man hieraus ermittelte, sich von anderen Methoden durch den Faktor zwei unterschied. Die Erklärung dafür fand man 1925 im Elektronenspin.

Einstein hatte vielfältige Bindungen und Beziehungen zur experimentellen Physik [S 5]. Seine wissenschaftlichen Ergebnisse sind in gar keiner Weise etwa nur theoretischer Art. Die vielseitigen wissenschaftlichen

Leistungen belegen sein ständiges Bemühen, Denkgewohnheiten in Zweifel zu ziehen, neue Denkmöglichkeiten zu erschließen und über deren Richtigkeit die physikalische Praxis entscheiden zu lassen.

2. Einsteins öffentliches Wirken außerhalb der Physik

2.1. Erkenntnistheoretische Fragen

Zur Beurteilung des erkenntnistheoretischen Standpunktes Einsteins sind seine eigenen Aussagen wesentlich:

„Der Glaube an eine vom wahrnehmenden Subjekt unabhängige Außenwelt liegt aller Naturwissenschaft zugrunde." [4, S. 159] (ca. 1930)

„Die Wissenschaft ist der Versuch, die chaotische Mannigfaltigkeit unserer Sinneserfahrungen mit einem logisch einheitlichen Denksystem in Übereinstimmung zu bringen; in diesem System müssen die einzelnen Erfahrungen mit der theoretischen Struktur so in Beziehung gesetzt werden, daß die sich ergebende Zuordnung einmalig und überzeugend ist.
Die Sinneserfahrungen sind das gegebene Objekt. Aber die Theorie, welche sie interpretieren soll, ist Menschenwerk. Sie ist das Ergebnis eines äußerst mühsamen Anpassungsprozesses: hypothetisch, niemals ganz endgültig, immer Gegenstand von Fragen und Zweifel." [5, S. 104] (1940)

„Die Naturwissenschaft forscht nach Beziehungen, die unabhängig vom Forscher bestehen. Das gilt auch, wenn der Mensch selbst das Objekt ist. Objekt wissenschaftlicher Sätze können aber auch Begriffe sein, die wir selbst geschaffen haben, wie in der Mathematik." [5, S. 105] (1940)

„Denn alles Denken erhält ja materialen Inhalt durch nichts anderes als durch seine Beziehung zu jenem sinnlichen Material.“ [4, S. 39] (1946)

„Es gibt keine induktive Methode, die zu den Grundbegriffen der Physik führt. Daß dies nicht erkannt wurde, stellt den grundlegenden philosophischen Irrtum dar, dem so viele Forscher des 19. Jahrhunderts erlagen.“ [5, S. 84] (1936)

„Für mich ist das Streben nach Erkenntnis eines von denjenigen selbständigen Zielen, ohne welche für den denkenden Menschen eine bewußte Bejahung des Daseins nicht möglich erscheint.“ [23, S. 533] (1950)

„Die Beschränkung der wissenschaftlichen Erkenntnisse auf eine kleine Gruppe von Menschen schwächt den philosophischen Geist eines Volkes und führt zu dessen geistiger Verarmung.“ [28, S. 9]

Über die Notwendigkeit der Erkenntnistheorie sagt Einstein 1949 [25, S. 507]:

„Erkenntnistheorie ohne Kontakt mit Science wird zum leeren Schema. Science ohne Erkenntnistheorie ist – soweit überhaupt denkbar – primitiv und verworren.“

Seinem Freund M. Solovine erklärt Einstein seine Formulierung „Das ewig Unbegreifliche an der Natur ist ihre Begreiflichkeit“ mit folgenden Worten:

„Sie finden es merkwürdig, daß ich die Begreiflichkeit der Welt (soweit wir berechtigt sind, von einer solchen zu sprechen) als Wunder oder ewiges Geheimnis empfinde. Nun, a priori sollte man doch eine chaotische Welt erwarten, die durch Denken in keiner Weise faßbar ist. Man könnte (ja sollte) erwarten, daß die Welt nur insoweit sich als gesetzlich erweise, als wir ordnend eingreifen. Es wäre eine Art Ordnung wie die alphabetische Ordnung der Worte einer Sprache. Die Art der Ordnung, die dagegen z. B. durch Newtons

Gravitationstheorie geschaffen wird, ist von ganz anderem Charakter. Wenn auch die Axiome der Theorie vom Menschen gesetzt sind, so setzt doch der Erfolg eines solchen Beginnens eine hochgradige Ordnung der objektiven Welt voraus, die a priori zu erwarten man keinerlei Berechtigung hatte. Hier liegt das ‚Wunder', das sich mit der Entwicklung unserer Kenntnisse immer mehr verstärkt.

Hier liegt der schwache Punkt für die Positivisten und die berufsmäßigen Atheisten, die sich beglückt fühlen durch das Bewußtsein, die Welt erfolgreich nicht nur entgöttert, sondern sogar „entwundert' zu haben. Das Schöne ist, daß wir uns mit der Anerkennung des ‚Wunders' bescheiden müssen, ohne daß es einen legitimen Weg darüber hinaus gäbe. Dies muß ich ausdrücklich hinzufügen, damit Sie nicht denken, ich sei — geschwächt durch Alter — eine Beute der Pfaffen geworden." [7, S. 114] (1952)

Einstein stand als Autorität und Genie, aber auch als „Schöpfer und Rebell" [15] im Blickpunkt, so daß sich weite Kreise schließlich für seine Ansichten über Gott und Religion interessierten.

Zweifellos ist Einsteins wissenschaftliche Haltung mitbestimmend für seine Gottesauffassung, zu der er wiederholt Stellung genommen hat. In „Autobiographisches" [25, S. 12] schreibt er über die „Religion, die ja jedem Kinde durch die traditionelle Erziehungsmaschine eingepflanzt wird":

„So kam ich — obwohl ein Kind ganz irreligiöser (jüdischer) Eltern — zu einer tiefen Religiosität, die aber im Alter von 12 Jahren bereits ein jähes Ende fand. Durch Lesen populärwissenschaftlicher Bücher kam ich bald zu der Überzeugung, daß vieles in den Erzählungen der Bibel nicht wahr sein konnte. Die Folge davon war eine geradezu fanatische Freigeisterei, verbunden mit dem Eindruck, daß die Jugend vom Staate mit Vorbedacht belogen wird."

Als seine Söhne in der Schule ebenfalls Religionsunterricht hatten, meinte Einstein:

> „Es ist mir überhaupt sehr unsympathisch, daß meine Kinder einen Unterricht erhalten sollen, der dem wissenschaftlichen Denken fremd ist." [12, S. 437]

In seiner scherzhaften Art fügte er hinzu:

> „Die Kinder glauben am Ende, daß Gott eine Art gasförmiges Wirbeltier ist." [12, S. 437]

In dem Aufsatz „Wie ich die Welt sehe" [4, S. 10] schreibt Einstein (um 1930):

> „Einen Gott, der die Objekte seines Schaffens belohnt und bestraft, der überhaupt einen Willen hat nach Art desjenigen, den wir an uns selbst erleben, kann ich mir nicht einbilden. Auch ein Individuum, das seinen körperlichen Tod überdauert, mag und kann ich mir nicht denken; mögen schwache Seelen aus Angst oder lächerlichem Egoismus solche Gedanken nähren."

Wiederholt hat sich Einstein mit dem Entstehen von Vorurteilen und Gewohnheiten im Bereich der Religion auseinandergesetzt und seine Haltung zur Frage der Religiosität, eines persönlichen Gottes sowie des Glaubens und der Überzeugung formuliert [4, 5].

In der Schrift „Gelegentliches" [3], in nur 800 Exemplaren gedruckt, aber noch heute in der Universitätsbibliothek Berlin vorhanden, nicht Opfer der berüchtigten faschistischen Bücherverbrennung 1933 geworden, obwohl diese in unmittelbarer Nachbarschaft dieser Bibliothek stattfand, schreibt Einstein [S. 9/10]:

> „Jene mit tiefem Gefühl verbundene Überzeugung von einer überlegenen Vernunft, die sich in der erfahrbaren Welt offenbart, bildet meinen Gottesbegriff; man kann ihn also in der üblichen Ausdrucksweise als ‚pantheistisch' (Spinoza) bezeichnen. Konfessionelle Traditionen kann ich nur historisch und psychologisch

betrachten; ich habe zu ihnen keine andere Beziehung. ...
Ich kann mir keinen persönlichen Gott denken, der die Handlungen der einzelnen Geschöpfe direkt beeinflußte oder über seine Kreaturen zu Gericht säße. ... Meine Religiosität besteht in einer demütigen Bewunderung des unendlich überlegenen Geistes, der sich in dem wenigen offenbart, was wir mit unserer schwachen und hinfälligen Vernunft von der Wirklichkeit zu erkennen vermögen. Moral ist eine höchst wichtige Sache, aber für uns, nicht für Gott."

Einstein selbst neigte also zu einer pantheistischen Auffassung in Anlehnung an SPINOZA, wo Gott und Natur gleichgesetzt sind. So verstehen sich auch die vielen — für Einstein so typischen — Formulierungen, in die er „Gott" einbezieht:

„Raffiniert ist der Herrgott, aber boshaft ist er nicht" (God is subtle but He is not malicious [26, S. 325])

wurde über dem Marmorkamin des Gemeinschaftsraumes der Princeton-University eingemeißelt.
Einsteins Gott war offenbar die Physik selbst.

„Das ist so einfach; das kann sich Gott nicht haben entgehen lassen." [27, S. 71]

„Was mich eigentlich interessiert, ist, ob Gott die Welt hätte anders machen können; das heißt, ob die Forderung der logischen Einfachheit überhaupt eine Freiheit läßt. Man muß doch sagen, daß das viel weniger der Fall ist, als man vor fünfzig Jahren gedacht hätte." [27, S. 72]

„Gott ist unerbittlich darin, wie er seine Gaben verteilt hat. Mir hat er die maultierhafte Starrnäckigkeit gegeben und sonst nichts, das heißt, die Nase hat er mir auch gegeben." [27, S. 72]

„Wenn wir an etwas arbeiten, dann steigen wir vom hohen logischen Roß herunter und schnüffeln am

Boden mit der Nase herum. Danach verwischen wir unsere Spuren wieder, um die Gottähnlichkeit zu erhöhen.“ [27, S. 72]

„Es ist schon ein Erfolg, wenn man die Natur dazu zwingen kann, einem die Zunge herauszustrecken.“ [27, S. 73]

„Das müssen doch jämmerliche Leute gewesen sein, die den Glauben an ein individuelles Fortleben nach dem Tode aufgebracht haben.“ [10, S. 474]

„Die Quantenmechanik ist sehr achtungsgebietend. Aber eine innere Stimme sagt mir, daß das doch nicht der wahre Jakob ist. Die Theorie liefert viel, aber dem Geheimnis des Alten bringt sie uns kaum näher. Jedenfalls bin ich überzeugt, daß *der* nicht würfelt.“ [9, S. 129, Brief vom 4. 12. 26]

„Die Verallgemeinerung der Gravitation ist nun endlich vom formalen Standpunkt völlig überzeugend und eindeutig — wenn der Herrgott nicht einen total anderen Weg gewählt hat, von dem man sich keine Vorstellung machen kann.“ [9, S. 258 vom 12. 5. 52]

„... Ob die Sache physikalisch was taugt, ist mir aber zweifelhaft. Der Herrgott macht es, wie *er* will und läßt sich nichts vorschreiben.“ [8, S. 78 vom 9. 3. 21]

„Das Buch von Eddington ist wirklich außerordentlich geistvoll. Aber die Tendenz, die Naturgesetze nur als Ordnungsschemata zur Scheidung der darunter fallenden Fälle aufzufassen, kann ich doch nicht billigen. Auch ist zu beanstanden, daß er die Relativitätstheorie doch zu sehr als *logisch* notwendig darstellt. Gott hätte sich auch dazu entschließen können, statt des relativistischen Äthers einen absolut ruhenden zu schaffen.“ [8, S. 109, 28. 11. 26]

„Eines habe ich in einem langen Leben gelernt: Es ist verteufelt schwer, ‚Ihm‘ näher zu kommen, wenn man nicht an der Oberfläche bleiben will.“ [10, S. 439]

In seiner bekannten bildhaft-drastischen Art meinte er einmal:

> „Mit solchen Apothekermethoden kommt man nach meiner Meinung auf kein Geheimnis Gottes.“ [10, S. 225] (1926)

Leopold Infeld, Assistent und Mitarbeiter von Albert Einstein erinnert sich an folgenden Ausspruch Einsteins:

> „Gott kümmert sich nicht um unsere mathematischen Schwierigkeiten. Er integriert empirisch.“ [17, S. 63]

Am bekanntesten aber ist sein Ausspruch im Zusammenhang mit seiner kritischen Haltung zur statistischen Interpretation der Quantentheorie, die er auf die kurze Formel brachte „Der Alte würfelt nicht“.

Einstein bediente sich in seiner anschaulichen Ausdrucksweise auch des Terminus „Teufel“:

> „Mit der Lösung des Strahlungsproblems ist es wieder nichts. Der Teufel hat sich da einen faulen Witz mit mir erlaubt.“ [26, S. 197]

Einmal — nach dem Unterschied zwischen Gott und Teufel befragt — antwortete er, daß sie sich nur bezüglich des Vorzeichens unterscheiden.

Starre und dogmatische Fesseln des Denkens sowie Vorurteile haben dazu geführt, daß die Relativitätstheorie und ihr Schöpfer auch als „idealistisch“ abgestempelt wurden, obwohl man sich darüber im klaren hätte sein müssen, daß die Denkergebnisse der Relativitätstheorie eine ausgezeichnete Widerspiegelung der Außenwelt sind und daß technische Anwendungen dazu geführt haben, daß Teile der SRT bereits zur Ingenieurwissenschaft zu zählen sind. Wie Max Born, der auch Mitglied der Akademie der Wissenschaften der UdSSR war, berichtete, gab es bedauerlicherweise auch Auffassungen, wonach die Relativitätstheorie der materialistischen Philosophie widersprechen würde [9, S. 143/144]. Einstein nahm selbst einmal in einem Brief an V. Stern, mit dem wir vor über 20 Jahren Dispute über sein Buch [S 9] führten, Stellung. STERN hatte sich mit einer Frage über den absoluten Raum an Einstein gewendet; STERN selbst schrieb auf Seite 32: „Wenn Newton behauptete, daß es einen absoluten Raum gibt, so hatte er recht“. Hier Einsteins Antwort [S 9, S. 75]:

> „Die Theorie des absoluten Raumes und der absoluten Zeit ist eine ‚idealistische‘ Theorie von reinstem Wasser. Sie führt Gedankengänge als ‚wirklich‘ ein, die keiner Erfahrung zugänglich sind, auch nicht indirekt. Wenn man diesen Standpunkt wirklich überwunden hat, so erscheint er so naiv wie die Idee des Mittelpunktes der Welt in dem Aristotelischen Weltbild“.

Die zweite Frage STERNS an Einstein bezog sich darauf, erfahren zu wollen, was „Gleichzeitigkeit *tatsächlich*“ ist. Dazu machte Einstein nur die Bemerkung:

> „Was soll das heißen?“

Hieraus geht wieder einmal hervor, daß sich die Einsteinsche Art der Erkenntnisfindung gar nicht einfach durchsetzt, obwohl man die Erklärung, warum es keine absolute Gleichzeitigkeit geben kann, noch verhältnismäßig rasch darlegen kann, aber diese Erkenntnis dann weiter anzuwenden, bereitet nicht wenige Denkschwierigkeiten.

Einsteins leitende Idee war: Was man denken kann (Begriffsbildungen), aber keiner experimentellen Prüfung zugänglich ist (Gleichzeitigkeit an verschiedenen Orten), hat keinen physikalischen Sinn, findet also kein Gegenstück oder Äquivalent in der Realität. Die Konstanz der Vakuum-Lichtgeschwindigkeit c ist in der SRT eine Denknotwendigkeit. Das aber ist in der ART nicht mehr der Fall, so daß sich unter den Bedingungen eines hinreichend starken Gravitationsfeldes c nicht mehr als konstant erweist, so daß $c = \text{const}$ nur eine begrenzte Denknotwendigkeit ist. Seit dem Bestehen der RT hat die absolute Gleichzeitigkeit an verschiedenen Orten keinen physikalischen Sinn. Ein solcher Sachverhalt einer absoluten Gleichzeitigkeit wäre nur bei einer unendlich großen Ausbreitungsgeschwindigkeit von Signalen gegeben. Das ist zwar denkmöglich, aber physikalisch sinnlos, da in der Natur keine Signalausbreitung mit einer größeren Geschwindigkeit als mit c vor sich gehen kann. So ist allein nur die relative Gleichzeitigkeit sinnvoll, die durch die Festsetzung definiert ist, daß die Uhren an verschiedenen Orten eines bestimmten Bezugssystems so gestellt werden sollen, daß ein Lichtsignal zwischen ihnen die gleiche Zeit für den Hin- und Rückgang braucht.

Hiervon ausgehend, kam Einstein zu der berühmten Beziehung $E = mc^2$, die von fundamentaler Bedeutung nicht nur für die Kernphysik, sondern überhaupt für das Verständnis des Aufbaues der Materie, des Ursprungs der Sternenergie und für die technische Nutzbarmachung der Kernenergie wesentlich ist.

Auf den Seiten 2 bis 5 in „Autobiographisches“ [25] stellt Einstein sein „erkenntnistheoretisches Credo“ dar, das ohne Zweifel eine wahre Fundgrube für philosophische Ausschöpfungen ist. In den letzten Jahren ist ein erfreulicher Wandel in der philosophischen Interpretation der Relativitätstheorie eingetreten, indem von philosophischer Seite her mit größerem physikalischen Verständnis gearbeitet wurde. Noch immer aber gibt es strittige Fragen, deren Klärung mit Sicherheit auch in philosophischer Hinsicht zu Fortschritten führt, wenn sie undogmatisch, ohne Vorurteil erfolgt. Eine dieser strittigen oder „heiklen“ Fragen für die Erkenntnistheorie ist die Einsteinsche Feststellung („Credo“), daß es keinen logischen Weg gibt von den Experimenten, dem empirischen Material also, zu einer Theorie und daß Begriffe „freie Setzungen“ seien.

Die Bemerkung etwa, es sei reiner „Idealismus“, hilft nicht weiter, wenn dabei unterlassen wird nachzuweisen, wo denn in konkreten Fällen tatsächlich ein unmittelbarer Ausgang von den „sinnlichen Wahrnehmungen“ bei einzelnen Begriffen vorliegt. Ein Klassifizieren, ob dieser Idealismus nun Züge des Rationalismus, des logischen Empirismus, das Platonismus u. a. trage, bleibt in einem Schema stecken und bringt die Sache nicht weiter voran. Ohne Zweifel beruhen die Denkerfolge auf der Art des Einsteinschen Denkens und seinen zahlreichen Erfahrungen, die er — wie kein anderer — nicht nur praktiziert, sondern wohl auch versucht hat zu ergründen. Ist es in allen Fällen unwiderruflich so, daß man stets vom lebendigen Anschauen zum abstrakten Denken, also von der Empirie zum Allgemeinen aufsteigen muß? [S 10, S. 513].

Der Sprung von der lebendigen Anschauung des Aristoteles, daß schwere Körper schneller fallen als leichte, zu Galilei, nach dem alle (genügend kleinen) Körper am selben Ort im Vakuum gleich schnell fallen, zur Einsteinschen Theorie der Gravitation erfordert wohl doch Begriffe, die keine so unmittelbare Beziehung zum Erfahrungs- und Begriffsschatz des Alltags haben. — Wie kann man vom lebendigen Anschauen zum Begriff des Äthers gelangen — wobei nicht darüber gestritten werden soll, ob der Ätherbegriff ein „echter“ Begriff ist. Die freie Setzung darf nicht mit einer willkürlichen Setzung der Begriffe identifiziert werden. Liegt aber so etwas nicht vor bei dem Prinzip der Konstanz der Vakuum-Lichtgeschwindigkeit? Ist dieses Einsteinsche Denkergebnis, das sich in der SRT als denknotwendig erwies, nicht doch ohne lebendiges Anschauen bzw. ohne empirisches Datenmaterial als Begriff gesetzt worden? Fragwürdig und problematisch wird die Kurzthese bei der Erkenntnisfindung im Bereich der Mikrophysik (Quantenmechanik), wo zunächst der Begriff „lebendiges Anschauen“ geklärt werden muß.

Möglicherweise wird die These vom lebendigen Anschauen zum abstrakten Denken mitunter zu eng betrachtet und zu Unrecht der Einsteinschen Auffassung der Setzung von Begriffen entgegengestellt. Faßt man sie nämlich zu eng auf, so dürfte es kaum möglich sein, den Makrokosmos anders als in den Begriffen der euklidischen Geometrie darzustellen — im Gegensatz zu dem, was die Einsteinschen Denkmöglichkeiten mit ihren „frei gesetzten Begriffen“ erschlossen haben. Es wäre durchaus wissenswert, wo und warum es sich im konkreten Fall nicht um die Setzung von Begriffen handelt. Offensichtlich aber handelt es sich bei der Einsteinschen Denkweise um eine sehr erfolgreiche und nicht zuletzt deshalb legitime Methode, die nicht idealistisch sein kann.

Es scheint, als ob Erkenntnis für Einstein etwas ist, was nicht nach einem bisher formulierten methodischen philosophischen Rezept gewonnen werden kann; nicht durch bloße Empirie, noch nach einem Apriori KANTscher Art. Geniale Physiker haben den Vorgang der Erkenntnis bzw. der Erkenntnisfindung selbst erlebt und können urteilen, wie sie geschieht. Aber ob es dafür ein stets gültiges Schema gibt, ist fraglich.

In bezug auf die Fragen nach der Erkenntnistheorie Einsteins gibt seine Arbeit „Zur Methodik der theoretischen Physik“ (1930) wertvolle Aufschlüsse [4, S. 113]. Dort heißt es u. a.

> „Durch bloßes logisches Denken vermögen wir keinerlei Wissen über die Erfahrungswelt zu erlangen; alles Wissen über die Wirklichkeit geht von der Erfahrung aus und mündet in ihr.“

Einstein schrieb an SOLOVINE:

> „Es gibt in der Physik keinen Begriff, dessen Verwendung a priori nötig oder berechtigt wäre. Ein Begriff erhält seine Daseinsberechtigung nur durch seine klare und eindeutige Verknüpfung mit Erlebnissen bzw. mit physikalischen Erfahrungstatsachen. Es werden in der Relativitätstheorie die Begriffe absolute Gleichzeitigkeit, absolute Geschwindigkeit, absolute Beschleunigung verworfen, weil sich ihre eindeutige

Verbindung mit der Erlebniswelt als unmöglich herausstellt. Dasselbe Schicksal trifft die Begriffe ‚Ebene', gerade Linie etc., auf welche die euklidische Geometrie gegründet ist. Jedem physikalischen Begriff muß eine solche Definition gegeben werden, daß auf Grund dieser Definition das Zutreffen oder Nichtzutreffen desselben im konkreten Fall prinzipiell entschieden werden kann." [7, S. 20] (1920)

In der stets voranschreitenden Entwicklung werden immer neue Begriffe entstehen, von denen manche nur ein zeitlich begrenztes Dasein führen (Äther, Varitronen, evtl. Quarks). So gibt es heute Begriffe, die vor 50 oder auch 10 Jahren noch unbekannt waren, z. B. eine große Zahl von Elementarteilchen oder die Quasare). Man ist durchaus nicht immer auf diese simple Weise zu ihnen gelangt, daß man sie erst aus einer Analyse eines empirischen Datenmaterials gewonnen hätte. Das Omega-Minus-Hyperon konnte — wie früher das Positron oder das Meson — vor seinem experimentellen Auffinden vorhergesagt werden, während Quasare (quasistellare Radioquellen) rein empirisch entdeckt worden sind. Die Besonderheit der von Einstein neu erschlossenen Denkweise läßt erkennen, daß es Theorien gibt, die Begriffe enthalten, zu denen man in anderer als in empirischer Weise gelangt. Auch in diesem Fall hat Einstein mit bis dato üblichen Denkgewohnheiten gebrochen.

Die Einsteinsche Theorie ist mit einer gewaltigen Wissenschaftsentwicklung auf das engste verbunden, die wirklichkeitsnahe gesellschaftsverändernde Auswirkungen zeigt (z. B. Kerntechnik). Sie ist an kleinlichen verbalen philosophischen Interpretationsstreitigkeiten, beispielsweise der berühmten Beziehung $E = mc^2$, vorübergegangen. Das philosophische Denken aber dürfte gerade durch diese Beziehung auf das höchste befriedigt worden sein, indem es Einstein, auf den diese Beziehung zurückgeht — entgegen der Aussage eines nach 1945 erschienenen philosophischen Wörterbuches — gelungen war zu zeigen, daß hierin zwei bis dahin getrennte Erhaltungssätze (Masse und Energie) verschmolzen sind. Schließlich konnte damit auch noch der Erhaltungssatz des Impulses vereinigt werden.

An seinen Freund MARCEL GROSSMANN schrieb Einstein bereits Jahre zuvor:

> „Es ist ein herrliches Gefühl, die Einheitlichkeit eines Komplexes von Erscheinungen zu erkennen, die der direkten sinnlichen Wahrnehmung als ganz getrennte Dinge erscheinen." [26, S. 86] (1902)

Einstein verband das vierdimensionale Raum-Zeit-Kontinuum mit der Gravitation zu einer noch höheren Einheit, wobei er sich — nach seiner Auffassung — der „freien Setzung von Begriffen" bediente, die keinen unmittelbaren Ausgang in der Erfahrung haben. Er weist darauf hin [10, S. 448], daß die freie Setzung begrifflicher konstruktiver Elemente, die nicht empirisch herleitbar sind, „nicht erst in der eigentlichen Wissenschaft beginnt, sondern dem Alltagsdenken eigen sind". MAX BORN [9, S. 207] bemerkt:

> „... aber Einstein hat völlig recht, daß Empirie allein ohne kühne Gedanken zu nichts führt. Der ist Meister, der das richtige Maß für beides findet."

und auf Seite 212/213:

> „Ich meine ganz ehrlich, wenn Durchschnittsleute sich durch reines Denken Naturgesetze verschaffen wollen, so kommt nur Mist heraus."

Durch die RT wurde die neue Einsicht gewonnen, daß die LORENTZ-Invarianz eine Bedingung für jede Theorie ist. Das bedeutet, daß eine physikalische Theorie nur dann als allgemein und „richtig" gilt, wenn sie der LORENTZ-Transformation genügt. Dieses Kriterium ist offenbar häufig in seiner Aussage weitreichender als „experimentelle Bestätigungen", da es zum Auffinden neuer Naturgesetze (beispielsweise $E = mc^2$) geführt hat.

Es ist immer wieder die Frage zu stellen, ob sich das Prinzip durchgehend bei allen physikalischen Begriffsbildungen widerspiegelt und nachweisen läßt, daß man zu ihnen nur von der „sinnlichen Wahrnehmung" her gelangt, oder ob dieses Prinzip nur einen Grenzfall eines allgemeineren darstellt und somit nicht in allen Fällen zutrifft. Wie ist es denn zu verstehen, daß andere Physiker (Abraham, Mie, Nordström) auf der Grundlage des Äquivalenzgesetzes der ART eine andere Theorie entwickelten, wenn man von der sinnlichen Wahrnehmung als Basis ausgeht? Diese Physiker versuchten, eine skalare Theorie zu entwickeln, aber ohne Erfolg.

Max Born urteilt:

> „Die Aufstellung der allgemeinen Relativitätstheorie erschien mir damals und erscheint mir auch heute noch als die größte Leistung menschlichen Denkens über die Natur, die erstaunlichste Vereinigung von philosophischer Tiefe, physikalischer Intuition und mathematischer Kunst. Aber sie hatte damals wenig Zusammenhang mit empirischen Tatsachen. Sie zog mich an wie ein Kunstwerk, an dem man sich ergötzt und das man bewundert — aus gehöriger Entfernung." [1, S. 195]

C. F. v. Weizsäcker würdigt die ART als eine Theorie besonderer Art und zeigt, wie diese Theorie zu einer Vereinheitlichung der begrifflichen Grundlage der Physik führte. Er betont, daß die Quantentheorie noch nicht diese hohe Reflexionsstufe erreicht habe. Weiter vermerkt er, daß die nichtlineare Spinortheorie von Heisenberg „die Quantentheoretiker nötigt, bezüglich der Einheit der Physik das Niveau der Fragestellung zu betreten, das sich uns zuerst in der ART gezeigt hat" [S 11, S. 23ff.].

Schließlich sei noch bemerkt, daß die Einsteinsche Physik zu einem Chaos philosophischer Meinungen Anlaß gab, daß es sich aber schließlich doch zeigte, wie unberechtigt die vielen idealistischen Vorwürfe oder

Etikettierungen sind. In gleicher Weise wie Einsteins Allgemeine Relativitätstheorie und ihre Weiterentwicklung noch Generationen von Physikern viele Aufgaben stellt, so ist auch die philosophische Diskussion durchaus nicht als abgeschlossen zu betrachten. Dazu können beispielsweise seine Aussagen in „Bertrand Russell und das philosophische Denken“ [4, S. 35–40] beitragen, wo es u. a. heißt:

„Nach meiner Überzeugung muß man sogar viel mehr behaupten: die in unserem Denken und in unseren sprachlichen Äußerungen auftretenden Begriffe sind alle — logisch betrachtet — freie Schöpfungen des Denkens und können nicht aus den Sinnenerlebnissen induktiv gewonnen werden. Dies ist nur deshalb nicht so leicht zu bemerken, weil wir gewisse Begriffe und Begriffsverknüpfungen (Aussagen) gewohnheitsmäßig so fest mit gewissen Sinnenerlebnissen verbinden, daß wir uns der Kluft nicht bewußt werden, die logisch unüberbrückbar die Welt der sinnlichen Erlebnisse von der Welt der Begriffe und Aussagen trennt.“

„Es ist eine unüberbrückbare Kluft zwischen dem Begriff und der Beobachtung! Wenn man meint, daß man durch eine bloße Aneinanderreihung von Beobachtungen Begriffe bilden kann, so geht man vollkommen fehl.“

„Das Erfinden ist kein Werk des logischen Denkens, wenn auch sein Endprodukt an die logische Gestalt gebunden ist.“ [27, S. 10]

Zur näheren Erläuterung schrieb Einstein dazu an Max von Laue:

„Die Bemerkung über Begriffe, und im besonderen über die ‚erlebnisnahen‘, ist durchaus nicht so gemeint, daß ich die genetische Bedingtheit der Begriffe durch Erlebnisse leugnen wollte. Was ich meine, ist nur, daß Begriffe aus dem Rohmaterial der Erfahrung nicht durch einen logischen Prozeß ableitbar sind.“ [S 10, S. 512]

Bezüglich der Einordnung eines Naturwissenschaftlers in ein erkenntnistheoretisches System äußert sich Einstein [25, S. 508]:

„Hat aber einmal der nach einem klaren System suchende Erkenntnistheoretiker sich zu einem solchen System durchgerungen, so neigt er dazu, das Gedankengut der Science im Sinne seines Systems zu interpretieren, und das abzulehnen, was in sein System nicht hineinpaßt. Der Scientist aber kann es sich nicht leisten, das Streben nach erkenntnistheoretischer Systematik so weit zu treiben. Er akzeptiert dankbar die erkenntnistheoretische Begriffsanalyse: aber die äußeren Bedingungen, die ihm durch die Erlebnistatsachen gesetzt sind, erlauben es ihm nicht, sich bei der Konstruktion seiner Begriffswelt allzusehr durch Festhalten an einem erkenntnistheoretischen System beschränken zu lassen. Er muß dann dem systematischen Erkenntnistheoretiker als eine Art skrupelloser Opportunist erscheinen. Er erscheint als Realist insofern, als er eine von den Akten der Wahrnehmung unabhängige Welt darzustellen sucht; als Idealist insofern, als er die Begriffe und Theorien als freie Erfindungen des menschlichen Geistes ansieht (nicht logisch ableitbar aus dem empirisch Gegebenen); als Positivist insofern, als er seine Begriffe und Theorien *nur* insoweit für begründet ansieht, als sie eine logische Darstellung von Beziehungen zwischen sinnlichen Erlebnissen liefern. Es kann sogar als Platoniker oder Pythagoreer erscheinen, insofern er den Gesichtspunkt der logischen Einfachheit als unentbehrliches und wirksames Werkzeug seines Forschens betrachtet." (1949)

Mögen auch manche Gedanken der „philosophischen Polizei" (Einstein) suspekt erscheinen, so sind sie einer sachlichen Analyse wert.

Das Undogmatische in Einsteins Denkweise und Philosophie geht beispielsweise auch aus einer Unterhaltung hervor, über die Heisenberg berichtet. Es hatte hier und da den Anschein, als ob Einstein positivistische Ansichten verträte, wonach z. B. alle (?) Größen einer physikalischen Theorie durch „operationelle Definitionen" mit Meßinstrumenten ermittelbar sein müßten. Dieser „Operationalismus" oder „Instrumentalismus" traf insonderheit auf die Einsteinsche Definition der Gleichzeitigkeit zu. Eine voreilige Extrapolation, daß diese Verfahrensweise stets angewendet werden müßte und die allein zu akzeptierende sei, ist nicht zutreffend. Das erfuhr Heisenberg, als ihn Einstein nach einem Vortrag über seine berühmte quantenmechanische Arbeit fragte:

> „Aber Sie glauben doch nicht im Ernst, daß man in eine physikalische Theorie nur beobachtbare Größen aufnehmen kann?"

Darauf antwortete Heisenberg etwas überrascht:

> „Ich dachte, daß gerade Sie diesen Gedanken zur Grundlage Ihrer Relativitätstheorie gemacht hätten? Sie hatten doch betont, daß man nicht von absoluter Zeit reden dürfe, da man diese absolute Zeit nicht beobachten kann. Nur die Angaben der Uhren, sei es im bewegten oder im ruhenden Bezugssystem, sind für die Bestimmung der Zeit maßgebend."

Einstein sagte nun:

> „Vielleicht habe ich diese Art Philosophie benützt, aber sie ist trotzdem Unsinn. Oder ich kann vorsichtiger sagen, es mag heuristisch von Wert sein, sich daran zu erinnern, was man wirklich beobachtet. Aber vom prinzipiellen Standpunkt aus ist es ganz falsch, eine Theorie nur auf beobachtbare Größen gründen zu wollen. Denn es ist ja in Wirklichkeit genau umgekehrt. Erst die Theorie entscheidet darüber, was man beobachten kann." [13, S. 91, 92; 14, S. 117, 118] (1926)

Hieraus geht deutlich die Schwierigkeit hervor, die sich beim Klassifizieren und Systematisieren der Methoden der Naturerkenntnis bietet. Die jeweilige Methode hat einen relativen Gültigkeitsbereich, niemals einen absoluten.

Im folgenden werden einige wesentliche Äußerungen Einsteins zur Quantentheorie zusammengestellt. Aus ihnen geht hervor, daß die Meinungsverschiedenheiten zwischen Einstein und der überwiegenden Zahl der Quantentheoretiker weniger physikalischer als erkenntnistheoretischer Art waren. So lautet eine Passage in einem Brief Einsteins an Max Born:

> „In unserer wissenschaftlichen Erwartung haben wir uns zu Antipoden entwickelt. Du glaubst an den würfelnden Gott und ich an volle Gesetzmäßigkeit in einer Welt von etwas objektiv Seiendem, das ich auf wild spekulative Weise zu erhaschen suche.“ [25, S. 96] (1944)

Einsteins Haltung zur Quantentheorie verdient eine gesonderte Untersuchung. Hier wurden in den letzten Jahren viele Behauptungen aufgestellt und Auffassungen in Umlauf gesetzt, die einem ernsthaften Quellenstudium nicht standhalten, obwohl es anständiger und klüger ist, eine Haltung erst genau zu kennen, bevor man sie kritisch beurteilt. Pauschale Äußerungen gegen Einsteins Ansichten legen die Annahme nahe, nicht zu kennen, was er eigentlich gesagt und geschrieben hat. Das trifft in manchen Fällen auch auf seine politischen Äußerungen zu. Einstein erkennt die Ergebnisse der Quantentheorie voll und ganz an; auf eine Kurzformel gebracht, formuliert er seine Stellung selbst:

> „Eine wirklich vernünftige Theorie müßte die Elementargebilde (Elektron etc.) deduzieren, nicht von vornherein setzen.“ [10, S. 195] (1924–1939)

Viele Bemerkungen über Einsteins Haltung zur Quantenmechanik erscheinen nicht immer zutreffend. Manche Unterstellungen und Fehlinterpretationen werden sofort erkennbar, wenn man sich die Einleitung und den Schluß seines Aufsatzes „Quantenmechanik und Wirklichkeit" ins Gedächtnis bringt, der bei Born [9, S. 229–234] wiedergegeben ist:

„Im folgenden will ich kurz und elementar darlegen, warum ich die Methode der Quantenmechanik nicht für im Prinzip befriedigend halte. Ich will aber gleich bemerken, daß ich keineswegs leugnen will, daß diese Theorie einen bedeutenden, in gewissem Sinne sogar endgültigen Fortschritt der physikalischen Erkenntnis darstellt. Ich stelle mir vor, daß diese Theorie in einer späteren etwa so enthalten sein wird, wie die Strahlenoptik in der Undulationsoptik: Die Beziehungen werden bleiben, die Grundlage aber wird vertieft bzw. durch eine umfassendere ersetzt werden. ... Jedenfalls sollte man sich nach meiner Ansicht davor hüten, sich beim Suchen nach einer einheitlichen Basis für die gesamte Physik auf das Schema der gegenwärtigen Theorie dogmatisch festzulegen."

In der Arbeit „Physik und Wirklichkeit" [E 20] schrieb Einstein:

„Es ist kein Zweifel, daß die Quantenmechanik ein schönes Stück Wahrheit erfaßt hat und daß es ein Prüfstein eines künftigen theoretischen Fundamentes sein wird, daß sie als Grenzfall aus diesem Fundament darstellbar sein muß – etwa wie die Elektrostatik aus den Maxwellschen Gleichungen des elektromagnetischen Feldes oder die Thermodynamik aus der klassischen Mechanik. Aber ich glaube, daß beim Aufsuchen jenes Fundamentes die Quantenmechanik nicht als Ausgangspunkt dienen kann, so wenig, als man umgekehrt – ausgehend von der Thermodynamik – auf das Fundament der Mechanik kommen konnte." (1936)

Seinen Standpunkt präzisiert Einstein später in einem Brief an Besso:

„Meine Gegnerschaft gegen die statistische Quantenmechanik bezieht sich nicht gegen den quantitativen

> Gehalt, sondern dagegen, daß man gegenwärtig glaubt, daß die Behandlungsweise der Grundlagen der Physik im wesentlichen endgültig sei.“ [10, S. 402] (1949)

In einem Brief an KARL R. POPPER bemerkt Einstein:

> „Meiner Meinung nach ist die gegenwärtige prinzipiell statistische Beschreibung nur ein Durchgangsstadium.“

In diesem Brief heißt es auch:

> „Mir gefällt das ganze modische ‚positivistische‘ Kleben am Beobachtbaren überhaupt nicht. Ich halte es für trivial, daß man auf atomistischem Gebiete nicht beliebig genau prognostizieren kann, und ich denke, daß Theorie nicht aus Beobachtungsresultaten fabriziert, sondern nur erfunden werden kann (wie Sie übrigens auch).“ [E 21, S. 461–464] (1935)

Die Meinungsverschiedenheiten zwischen Einstein und BORN zeigen, daß es offenbar auch Mißverständnisse gab — physikalisch-philosophischer Art —, wie aus einer Bemerkung von BORN hervorgeht:

> „Einstein war fest davon überzeugt, daß uns die Physik Kenntnisse von der objektiv existierenden Außenwelt liefere. Mit vielen anderen Physikern bin ich langsam durch die Erfahrungen im Gebiete der atomaren Quantenerscheinungen dazu bekehrt worden, daß das nicht so ist, daß wir nur in jedem Zeitpunkt eine rohe, angenäherte Kenntnis der objektiven Welt haben und aus dieser nach bestimmten Regeln, den Wahrscheinlichkeitsgesetzen der Quantenmechanik, auf unbekannte (z. B. zukünftige) Zustände schließen können.“ [9, S. 119]

Die „wilde Spekulation“ war oft Angriffspunkt; dabei schließt Einsteins Spekulierererei jede Willkür aus. Seine etwas drastische Formulierung steht für Denkspielerei, d. h. für das Durchspielen bestimmter Denkmöglichkeiten. Spekulation erfordert Phantasie, die gerade in der Physik gebraucht wird. In diesem Zusammenhang sei an einen Ausspruch von NIELS BOHR erinnert:

„Wir haben hier eine ganz verrückte Theorie vor uns. Die Frage ist nur, ob sie verrückt genug ist, um richtig zu sein."

Und DAVID HILBERT bemerkte einmal über einen Studenten:

„Ja, der studiert nun Philosophie, für die Mathematik hat seine Phantasie nicht ausgereicht."

Durch „wilde Spekulation" zu neuen Ergebnissen zu kommen, ist durchaus in diesem Zusammenhang zu verstehen: Denkgewohnheiten überwinden, indem man sie in Frage stellt. Hat nicht die Spekulation überhaupt das Entstehen der Einsteinschen Theorien ermöglicht?

„Die Spekulation hat ihr eigenständiges Recht im wissenschaftlichen Denken — sie kann fruchtbare Anregungen geben. Aber Spekulationen, die sich als unfruchtbar und irreführend erwiesen haben, müssen über Bord geworfen werden — auch das gehört zu den Notwendigkeiten wissenschaftlicher Erkenntnisvertiefung." [18, S. 195]

Einsteins Theorien waren von einer besonderen Art, von einer bis dato nicht bekannten Qualität. Er hatte eine „Abneigung gegen das halb-empirische Theoretisieren, das zwar praktisch sehr brauchbar, für die tiefere Erkenntnis aber wenig ergiebig ist" [10, S. 407]. Auf Grund einer solchen Haltung dieses einzigartigen Theoretikers par excellence mag auch verständlich erscheinen, daß er den gegenwärtig in der Quantenmechanik erreichten Stand nur als einen Übergangszustand betrachtet, der nach größerer Verallgemeinerung strebt. Dazu stellt er kritisch fest:

„Wir sind eben weit davon entfernt, eine vernünftige mit den Tatsachen vereinbarte Theorie des Lichtes und der Materie zu besitzen! Ich denke, daß nur kühne

Spekulation weiter führen kann und nicht Akkumulation von Erfahrungen. Nicht verstehbares empirisches Material gibt es ja mehr als genug.“ [10, S. 488] (1952)

Das Verlangen nach Spekulation hat häufig zu Mißverständnissen geführt, deshalb sei Einsteins eigene Auffassung dazu zitiert:

„Niemals ist eine wirklich brauchbare und tiefgehende Theorie wirklich rein spekulativ gefunden worden.“ [10, S. 138] (1918)

Wenn Einstein die gegenwärtige Quantenmechanik als ein Durchgangsstadium der Erkenntnis erschien, so hing das auch mit dem von ihm aufgeworfenen Problem zusammen, was man denn a priori von einer „richtigen“ physikalischen Theorie verlangen muß.

In den letzten Sätzen seiner „Autobiographischen Skizze“ [27, S. 16, 17] kommt noch einmal seine eigene kritische Haltung zum Ausdruck:

„Die letzten zehn Jahre aber führten endlich zu einer Theorie, die mir natürlich und hoffnungsvoll erscheint. Daß ich mich aber nicht zu überzeugen vermag, ob ich selber diese Theorie für physikalisch wertvoll halten soll oder nicht, liegt in vorläufig unüberwindlichen mathematischen Schwierigkeiten begründet, wie sie übrigens jede nichtlineare Feldtheorie für die Anwendung bietet. Außerdem erscheint es überhaupt zweifelhaft, ob eine Feldtheorie von der atomistischen Struktur der Materie und der Strahlung sowie von den Quantenphänomenen Rechenschaft geben kann. Die meisten Physiker werden unbedenklich mit einem überzeugten ‚Nein‘ antworten, da sie glauben, daß das Quantenproblem in anderer Art im Prinzip gelöst sei. Wie dem auch sei, bleibt uns Lessings tröstliches Wort, das Streben nach der Wahrheit sei köstlicher als deren gesicherter Besitz.“

Einstein hat trotz hartnäckiger und massiver Vorurteile seine Arbeit an der einheitlichen Feldtheorie unbeirrt fortgesetzt. Viele Auffassungen gegen die einheitliche Feldtheorie wurden ohne hinreichende Prüfung — also als Vorurteil — verbreitet. Mitunter handelt es sich dabei um eine kritiklose Haltung, die aber Kritik vortäuscht und vorgibt.

Bei Einstein und Infeld [11] heißt es, daß man keine Unterscheidung zwischen Materie und Feld treffen könne, daß Masse und Energie in qualitativer Hinsicht nicht verschieden sind; sie werden nicht mehr als zwei grundverschiedene Dinge betrachtet, wenn man die Teilchen als Bereiche extrem starker Felder deutet.

Es ist die Überprüfung mancher Standpunkte zur Beurteilung des Einsteinschen Wirkens notwendig. Oberflächliche und vorschnelle Urteile müssen revidiert werden. Manches ist in philosophischen Diskussionen noch nicht hinreichend beachtet worden. Es darf aber als sicher gelten, daß Einsteins Bemühungen um eine einheitliche Feldtheorie darauf abzielten, bestimmte Erscheinungs- und Begriffsgegensätze zu überwinden, d. h. dem Augenschein nach getrennte und unabhängige Komplexe zu vereinen, so z. B. den Teilchenbegriff zu deduzieren, nicht von vornherein zu setzen.

Einsteins Denkweise hat eine allgemeine Ausstrahlung über die Physik hinaus, was die Abkehr von der trügerischen Anschauung anbelangt, die erforderlich kritische Einstellung gegenüber Voraussetzungen und Schlußmethoden betrifft und Mißtrauen verlangt gegenüber sog. Evidenzen und kritische Haltung bei der Realisierung abstrakter Schemata in Modellen. Die großen Erkenntnisse der Einsteinschen Physik setzen frühere Auffassungen der Newtonschen Physik außer Kraft und zwingen die Philosophie zum Neudurchdenken mancher problematischen Anschauung.

Die neue Art der Weltbetrachtung gelangt aber recht langsam von der Spitze der Forschung ins Bewußtsein der Menschenmassen. Das wissenschaftliche Denken bringt die Loslösung von Vorurteilen nicht nur in Physik und Astronomie, sondern auch auf anderen Gebieten (Biologie, Medizin u. a.) mit sich. Tief verwurzelte Auffassungen — verbunden mit Namen bedeutender Philosophen — wurden unhaltbar. Manches, was man für denknotwendig hielt, stellte sich als Vorurteil heraus, das sich in vielen Fällen nur deshalb ausbilden konnte, weil in der üblichen Erfahrungswelt bestimmte Effekte unmerklich klein sind — aber vermöge des theoretischen Denkens aufgespürt bzw. vorhergesagt werden konnten. In der Auseinandersetzung mit der Relativitätstheorie gab es ungewöhnlich heftige und harte Reaktionen. Im Widerstreit der Meinungen trat aber auch der adäquate philosophische Kern deutlich hervor, wobei sich vermeintliche Denkgewohnheiten (Raum, Zeit) als Fehl- und Vorurteile herausstellten.

Man darf nicht erwarten, daß die direkten Anschauungsformen der menschlichen Erfahrung genügen, wenn Dimensionen erforscht werden, in denen die üblichen Träger der Informationen zwischen Ding und Mensch entweder fehlen, oder die Daten um Größenordnungen zu grob sind. Zweifellos wird es von dem Geschehen in den „Schwarzen Löchern" keine unmittelbare sinnliche Wahrnehmung geben. Durch die Ereignishorizonte sind bestimmte Grenzen gesetzt. Wenn auch dem denkenden Erkennen keine Grenzen gesetzt sind, so aber doch wohl dem unmittelbar anschauungsbetrachtenden Erkennen nicht nur im Makrokosmos, sondern auch in den Dimensionen des Mikrokosmos.

Zur Problematik des Erkenntnisganges in der Physik ist auch ein Brief SOMMERFELDS an Einstein bemerkenswert, in dem es heißt [8, S. 93]:

> „Sie grübeln mit ihren Gedanken an den grundsätzlichen Fragen der Lichtquanten herum. Ich begnüge mich damit, weil ich zu jenen nicht die Kraft fühle, den Einzelheiten des Quantenzaubers in den Spektren nachzugehen. Da sind es die ‚inneren Quantenzahlen', die mich interessieren, unter denen ich mir aber gar nichts denken kann. Sie klären die zusammengesetzten Tripletts (und Dubletts) auf." (Okt. 1921)

Diese inneren Quantenzahlen j wurden von dem Theoretiker SOMMERFELD selbst eingeführt. Sie spielen auch heute noch eine hervorragende Rolle in der Spektroskopie. Eine gewisse Aufklärung erhielten sie nach der Entdeckung des Elektronenspins (Quantenzahl s), wonach sie sich als $j = l \pm s$ ergeben; l ist die Bahndrehimpulsquantenzahl. Die Bezeichnung Bahndrehimpuls hat nichts mit dem makroskopischen Begriff zu tun, da der Begriff „Bahn" in der Mikrophysik sinnlos ist. Hier handelt es sich um ein weiteres Beispiel hinsichtlich der Frage, was ist sinnliches Wahrnehmen insbesondere im Einzelfall, das zum abstrakten Denken führt.

Etwas später schreibt SOMMERFELD an Einstein [8, S. 96, 97], daß er sich „wunderbare zahlenmäßige Gesetze von Linienkombinationen" klargemacht habe.

> „Alles klappt, bleibt aber doch im tiefsten Grund unklar. Ich kann nur die Technik der Quanten fördern, Sie müssen Ihre Philosophie machen." (Jan. 1922)

Die Kompliziertheit des Erkenntnisprozesses kann man durch simple und lapidare Feststellungen, wonach es offenbar nur den Weg von der „sinnlichen Wahrnehmung zum abstrakten Denken" gäbe, in keiner Weise erfassen; denn über die Rolle der Begriffsbildung im Erkenntnisprozeß sagte LENIN [20, S. 172ff.):

> „Erkenntnis ist die Widerspiegelung der Natur durch den Menschen. Aber das ist keine einfache, keine unmittelbare, keine totale Widerspiegelung, sondern ein Prozeß einer Reihe von Abstraktionen, der Formierung, der Bildung von Begriffen, Gesetzen etc., welche Begriffe, Gesetze etc. (Denken, Wissenschaft, logische Idee) bedingt, annähernd die universelle Gesetzmäßigkeit der sich ewig bewegenden und entwickelnden Natur umfassen."

LENIN wies auch darauf hin, daß alle Naturerkenntnis nur relativen Charakter hat, was durch das ständige

Fortschreiten der Erkenntnis von Stufe zu Stufe immer wieder belegt wird.

Zur Beurteilung der Verschiedenartigkeit philosophischer Grundrichtungen sei noch auf folgendes Lenin-Zitat verwiesen:

> „Sind unsere relativen Vorstellungen von Raum und Zeit Annäherungen an die objektiv-realen Formen des Seins? Oder sind sie nur Produkte des sich entwickelnden, sich organisierenden, sich harmonisierenden usw. menschlichen Denkens? Darin und nur darin besteht die erkenntnistheoretische Grundfrage, die tatsächlich die philosophischen Grundrichtungen voneinander scheidet.“ [21]

Die Ablehnung der Relativitätstheorie als „idealistische Physik“ geschah auch von Leuten, die sich darauf beriefen, ihre Auffassungen im Namen des dialektischen Materialismus zu vertreten und

> „... so glaubten viele die Behauptung bürgerlicher Autoren, die marxistisch-leninistische Philosophie verurteile die Relativitätstheorie, Einsteins Theorie sei in der Sowjetunion verboten gewesen bzw. wäre erst nach 1955 anerkannt worden. Diese Darstellung entspricht jedoch nicht den Tatsachen. Ein Verbot oder eine einhellige Ablehnung hat es nie gegeben.“ [S 12, S. 246]

Es ist W. Fock zu danken, der für die übergroße Mehrzahl der sowjetischen Physiker sprach, daß die Angriffe auf die RT von philosophischer Seite Anfang der fünfziger Jahre eingestellt worden sind. Diese oftmals unqualifizierten philosophischen Diskussionen haben aber u. a. dazu geführt, daß sich Philosophen um die Aneignung solider physikalischer Fachkenntnisse bemühen.

Ohne Zweifel ist es so, wie Griese und Wahsner schreiben [S 12, S. 249]:

> „Die Philosophie ist kein Gefäß, das beliebige einzelwissenschaftliche Aussagen registrierend und zusammenfassend aufnehmen kann, ohne unter ihrem Einfluß selbst verändert zu werden“.

Dann aber muß die Anwendung dieser These auch auf die Prüfung des Satzes zulässig sein, daß die Erkenntnisvorgänge (stets?) vom sinnlichen Wahrnehmen zum abstrakten Denken führen; damit muß dann auch eine allgemeinere Formulierung dieser etwas zu engen Behauptung zulässig sein. Insbesondere sind der Gedanke und das Ziel zu unterstützen [13, S. 250], daß die Relativitätstheorie als Wendepunkt in der Geschichte der Naturerkenntnis es notwendig machen sollte, grundlegende philosophische Fragen neu zu durchdenken, woraus wohl auch eine Weiterentwicklung der marxistisch-leninistischen Philosophie resultieren würde, die ja kein starres Gebäude, kein Schema und kein Dogma repräsentiert.

Die eigene kritische Haltung Einsteins gegenüber Denknotwendigkeiten entnimmt man seinem Nachruf auf Ernst Mach [E 1]:

> „Begriffe, welche sich bei der Ordnung der Dinge als nützlich erwiesen haben, erlangen über uns leicht eine solche Autorität, daß wir ihres irdischen Ursprungs vergessen und sie als unabänderliche Gegebenheiten hinnehmen. Sie werden dann zu ‚Denknotwendigkeiten', ‚Gegebenen a priori' usw. gestempelt. Der Weg des wissenschaftlichen Fortschritts wird durch solche Irrtümer oft für längere Zeit ungangbar gemacht. Es ist deshalb durchaus keine müßige Spielerei, wenn wir darin geübt werden, die längst geläufigen Begriffe zu analysieren und zu zeigen, von welchen Umständen ihre Berechtigung und Brauchbarkeit abhängt, wie sie im einzelnen aus den Gegebenheiten der Erfahrung herausgewachsen sind. Dadurch wird ihre allzugroße Autorität gebrochen. Sie werden entfernt, wenn sie sich nicht ordentlich legitimieren können, korrigiert, wenn ihre Zuordnung zu den gegebenen Dingen allzu nachlässig war, durch andere ersetzt, wenn sich ein neues System aufstellen läßt, das wir aus irgendwelchen Gründen vorziehen." (1916)

Einsteins kritische Einstellung gegenüber „Denknotwendigkeiten" kommt in seiner folgenden Betrachtung zum Ausdruck:

„Begriffe und Begriffssysteme erhalten die Berechtigung nur dadurch, daß sie zum Überschauen von Erlebniskomplexen dienen; eine andere Legitimation gibt es für sie nicht. Es ist deshalb nach meiner Überzeugung eine der verderblichsten Taten der Philosophen, daß sie gewisse begriffliche Grundlagen der Naturwissenschaft aus dem der Kontrolle zugänglichen Gebiete des Empirisch-Zweckmäßigen in die unangreifbare Höhe des Denknotwendigen (Apriorischen) versetzt haben. Denn wenn es auch ausgemacht ist, daß die Begriffe nicht aus den Erlebnissen durch Logik (oder sonstwie) abgeleitet werden können, sondern in gewissem Sinne freie Schöpfungen des menschlichen Geistes sind, so sind sie doch ebensowenig unabhängig von der Art der Erlebnisse, wie etwa die Kleider von der Gestalt der menschlichen Leiber. Dies gilt im besonderen auch von unseren Begriffen über Zeit und Raum, welche die Physiker — von Tatsachen gezwungen — aus dem Olymp des Apriori herunterholen mußten, um sie reparieren und wieder in einen brauchbaren Zustand setzen zu können." [E 4, S. 2] (1921)

Albert Einsteins erkenntnistheoretisches Credo kam auch in einer Deklaration der 3. Pugwash-Konferenz in Kitzbühel 1958 zum Ausdruck:

„Wir glauben, daß die Wissenschaft der Menschheit am besten dient, wenn sie sich von aller Beeinflussung durch irgendwelche Dogmen freihält und sich das Recht vorbehält, alle Thesen einschließlich ihrer eigenen anzuzweifeln."

2.2. *Ethisch-moralische Auffassungen*

Einsteins wissenschaftliche Ausstrahlung ist in einzigartiger Weise mit seiner vorbildlichen charakterlich-moralischen Größe verbunden. Seine wissenschaftliche Denkweise und sein unermüdliches Ringen um Erkenntnisse bis zu seinem Tode haben notwendigerweise auch zu kritischen Haltungen gegenüber öffentlichen Ereignissen und Alltagspraktiken geführt; sie bestimmten auch seine Handlungsweisen im gesellschaftlichen Leben. Auch hier ist sein lebenslanges Bemühen erkennbar, frei sein zu wollen von Vorurteilen. Diese Unabhängigkeit von Vorurteilen bewahrte er sich mit seiner sprichwörtlichen Güte und Bescheidenheit, mit feinsinnigem und treffendem Humor sowie mit seiner allzeit selbstkritischen Haltung.

> „Immer weigere ich mich, irgendetwas deswegen für wahr zu halten, weil Sachverständige es lehren, oder auch, weil alle es annehmen. Jede Erkenntnis muß ich mir selbst erarbeiten. Alles muß ich neu durchdenken, von Grund auf, ohne Vorurteile.“ [29, S. 7]

Die innere Unabhängigkeit, die Einstein bei großen Denkern der Wissenschaftsgeschichte und manchen seiner Zeitgenossen, z. B. bei B. Russell, hervorgehoben und gerühmt hat, trifft auf ihn selbst zu. Stets war er bemüht, auch seinen Mitmenschen geistige Selbständigkeit und ein Gefühl für Ethik und Moral zu vermitteln. Er hielt seine Stimme nicht zurück.

Aus dem Tagebuch von R. Rolland, der sich mit Einstein 1915 in Vevey (Schweiz) getroffen hat, geht hervor, wie frei und unbefangen sich Einstein über Deutschland und Deutsche geäußert hat. Sein mitunter — zu unrecht — geschmähter Pazifismus hat zweifellos seine Wurzeln in der ethisch-moralischen Auffassung. Beim genauen Hinsehen ist dieser manchmal herabgesetzte Pazifismus aktiver und wagemutiger Kampf für

Frieden und Humanismus: Einstein wandte sich entschieden gegen den aggressiven deutschen Imperialismus und wehrte sich später in den USA gegen alle Erscheinungen der Ausbeutung, Unterdrückung und Meinungsbeschränkungen. Er liebte nicht die „leidige Vaterländerei“, die „Soldaterei“, die man „nicht ausrotten kann dank der Heuchelei der Gebildeten“ [7, S. 60] (1932).

In seinen späten Jahren erkannte Einstein:

> „In grundsätzlichen Fragen der Moral hilft Schulbildung nicht viel.“ [23, S. 611] (1955)

Dem Gewissen räumte er Vorrang gegenüber bestehenden Gesetzen ein und sah einen wichtigen Dienst an der Gesamtheit darin, das moralische Verantwortungsgefühl der einzelnen zu wecken und zu fördern. Er wandte sich gegen Furcht, Haß und Feigheit des Individuums, die als große Hindernisse vernünftigen Lösungen von Schwierigkeiten im Wege stehen [23, S. 479] (1948).

> „Ich selber habe mich nicht gescheut, meine Überzeugung bei jeder sich darbietenden Gelegenheit offen auszusprechen, wie ich es für meine Pflicht halte. Aber die einzelne Stimme verschwindet in dem Gebrüll der Menge — es ist immer so gewesen.“ [23, S. 518] (1950)

Genügsamkeit, Einfachheit und Bescheidenheit kennzeichneten Einsteins äußeres Dasein. In seiner drastischen Art formulierte er einmal:

> „Betragen und Glück ist mir nie als Selbstzweck erschienen. Ich nenne diese ethische Basis auch Ideal der Schweineherde.“ [4, S. 8] (1930)

Die Hintanstellung seiner Person sowie von Personen überhaupt kommt in dem Satz zum Ausdruck:

> „Nicht auf Personen kommt es an, sondern auf Werke im Dienste der Gemeinschaft.“ [23, S. 114] (1929)

Einstein bewunderte das Lebenswerk A. SCHWEITZERS und M. GANDHIS. Ganz im Sinne dieser beiden Männer bekannte auch Einstein:

„Nur das Leben im Dienst anderer ist ein lebenswertes Leben.“ [26, S. 310] (1932)

Einsteins ethisch-moralische Anschauungen und Erfahrungen sind in folgenden Sätzen kurz und inhaltsreich zusammengefaßt:

„Wer sein eigenes Leben und das seiner Mitmenschen als sinnlos empfindet, der ist nicht nur unglücklich, sondern auch kaum lebensfähig.“ [4, S. 10] (ca. 1930)

„Die sozialen Klassenunterschiede empfinde ich nicht als gerechtfertigt und letzten Endes als auf Gewalt beruhend.“ [4, S. 7] (1930)

„Der Mensch kann eben in seinem kurzen und gefahrenreichen Leben einen Sinn nur finden, wenn er sich dem Dienst an der Gesellschaft widmet.“ [5, S. 136] (1949)

„Und es ist die hohe Bestimmung des Menschen, mehr zu dienen als zu herrschen oder sich sonst in irgendeiner Form zu erheben.“ [5, S. 28] (1939)

Einstein, der „Weise von Princeton“, gab Ratsuchenden folgende Maxime für den Lebensweg:

„Sich das gesunde Gefühl nicht durch starre Grundsätze töten lassen.“ [26, S. 406] (1953)

Einstein sah die Vorbildrolle des einzelnen:

„Das Gefühl für das, was sein soll und nicht sein soll, wächst und stirbt wie ein Baum, und keine Art Dünger wird sehr viel dabei ausrichten. Was der einzelne dabei tun kann, ist nur, ein sauberes Beispiel geben und den Mut haben, ethische Überzeugungen in der Gesellschaft von Zynikern ernsthaft zu vertreten. Seit langem habe ich mit wechselndem Erfolg danach gestrebt, mich demgemäß zu verhalten.“ [26, S. 416] (ca. 1950)

Schließlich erkannte er aber auch:

> „Ich brauche nicht zu betonen, wie sehr ich alles Streben nach Wahrheit und Wissen achte und schätze. Aber ich glaube nicht, daß der Mangel an moralischen und ethischen Werten durch rein intellektuelle Bemühungen aufgewogen werden kann.“ [23, S. 553] (1951)

Die nachfolgenden Äußerungen belegen den kritischen und vorurteilslosen Geist Einsteins bei der Einschätzung seiner Umwelt in frühen und späten Lebensjahren.

> „Der freie, unbefangene Blick ist dem (erwachsenen) Deutschen überhaupt nicht eigen (Scheuleder).“ [10, S. 50] (1913)

In einem Brief an Besso heißt es dann 1925:

> „Um Europa erfreulich zu finden, muß man Amerika besuchen. Zwar sind die Menschen dort freier von Vorurteilen, aber dafür meist hohl und uninteressant, mehr als bei uns.“ [10, S. 204] (1925)

An Max Born schrieb er am 30. 5. 1933:

> „Ich glaube, Du weißt, daß ich nie besonders günstig über die Deutschen dachte (in moralischer und politischer Beziehung). Ich muß aber gestehen, daß sie mich doch einigermaßen überrascht haben durch den Grad ihrer Brutalität und — Feigheit.“ [9, S. 160] (1933)

Über seine Eindrücke in den USA berichtet Einstein an Besso:

> „Die feineren Dinge gelten im allgemeinen wenig, zumal der Business-Mann der Nationalheilige ist. Ich meine damit, daß ein neuartiges Strumpfband mehr wiegt als eine neuartige philosophische Theorie. Es gefällt mir aber doch sehr gut hier, und selten findet

sich einer, der lieber zurück möchte in das raffiniertere Europa. ... Aber ich denke, daß ein Heim, in dem ein vernünftiger Mensch das Maul nicht aufmachen kann, kein eigentliches Heim ist." [10, S. 321] (1938)

Der Mutter des belgischen Königs beschrieb Einstein 1954 seine Lage:

„Ich bin in meiner neuen Heimat zu einer Art ‚enfant terrible' geworden, weil ich nicht imstande bin, alles schweigend zu schlucken, was sich da zuträgt." [15, S. 288]

Zu dem amerikanischen Negerproblem äußerte Einstein:

„Ich glaube, daß jeder, der versucht, die Dinge offen zu durchdenken, bald erkennen wird, wie unwürdig und sogar verhängnisvoll die überlieferten Vorurteile gegen die Neger sind ... Was kann ein Mensch guten Willens tun, um diese tief verwurzelten Vorurteile zu bekämpfen? Er muß den Mut haben, ein Beispiel durch Worte und Taten zu setzen und muß aufpassen, damit seine Kinder nicht von Rassenvorurteilen beeinflußt werden." [2, S. 94]

„Rassenvorurteile sind leider zu einer amerikanischen Tradition geworden; sie werden unkritisch von einer Generation zur nächsten übertragen. Aufklärung und Erziehung sind die einzigen Gegenmittel. Alle rechtlich denkenden Menschen sollten an dieser langsamen und mühsamen Arbeit teilnehmen." [23, S. 502] (1948)

Albert Einstein ist nicht nur ein genialer Mann der Wissenschaft von ungewöhnlichem Format, er ist zugleich ein Mensch, der die höchsten sittlichen Ideale verkörpert. So hat er mutig wiederholt zu der uralten Frage Stellung genommen: Wie soll sich der Mensch verhalten, wenn der Staat ihm Handlungen vorschreibt, die Gesellschaft eine Haltung erwartet, die das eigene Gewissen als Unrecht verwirft [4, S. 13]. Seine eindeutige Haltung hat er in diesem Zusammenhang nicht nur bei dem Problem der Ächtung von Massenvernichtungswaffen vielen Widerständen, Angriffen und Verleumdungen zum Trotz unter Beweis gestellt.

Er wurde von bedeutenden und angesehenen Männern der Wissenschaft Italiens gebeten, dem faschistischen Diktator den Rat zu geben, den italienischen Intellektuellen eine Erniedrigung durch eine Eidesformel zu ersparen. Einstein schrieb am 16. 11. 1931 aus Caputh an den Kulturminister in Rom, daß das Streben nach Wahrheit allem anderen Streben vorangestellt und „daß die aufrichtigen Diener der Wahrheit in Ruhe gelassen werden" müßten [4, S. 20/21].

Mutig trat Einstein für den Heidelberger Professor E. J. Gumbel ein, dessen Gerechtigkeitssinn ungesühnte politische Verbrechen angeprangert hatte und der deswegen von rechtsradikalen Studenten und Lehrern angegriffen und verhetzt wurde. Seherisch schrieb er im „Berliner Tageblatt" [S 7, S. 135]:

> „Was soll aus einem Volk werden, das Männer wie Gumbel brutal verfolgt und dessen Führung dem gemeinen Pöbel keinen Widerstand entgegensetzt? ... Wenn das so weitergeht, kommen wir zu einem faschistischen Regime der Tyrannei."

Bei dieser Gelegenheit sagte er auch:

> „Laßt einen jeden selbst urteilen, nach dem, was er liest und nicht danach, was andere ihm sagen."

Zur Zeit der Inquisitionsmethoden McCarthys wandte sich ein Lehrer in seiner Gewissensnot an Einstein, wie er sich verhalten solle. Die Antwort Einsteins, mit der er sich öffentlich gegen diese Methoden wandte, wurde in der New York Times abgedruckt [S 7, S. 214]. Einstein vertrat die Auffassung: Das Moralische kann nicht durch Verstand ersetzt werden.

> „Mein politisches Ideal ist das demokratische. Jeder soll als Person respektiert und keiner vergöttert werden."

Weiter bemerkt er:

> „Eine Ironie des Schicksals ist es, daß die anderen Menschen mir selbst viel zu viel Bewunderung und Verehrung entgegengebracht haben, ohne meine Schuld und ohne mein Verdienst.“ [4, S. 8] (1930)

> „Personenkultus ist in meinen Augen stets etwas Unberechtigtes. Wohl verteilt die Natur ihre Gaben reichlich verschieden unter ihre Kinder. Aber auch von den Wohlgeratenen gibt es gottlob viele, und ich bin fest davon überzeugt, daß die meisten davon ein stilles und unbemerktes Dasein führen. Es erscheint mir nicht gerecht, ja nicht einmal geschmackvoll, wenn von diesen einige wenige maßlos bewundert werden, indem man ihnen übermenschliche Kräfte des Geistes und Charakters andichtet. Dies ist nun gerade mein Schicksal geworden, und es besteht ein grotesker Gegensatz zwischen dem, was mir die Menschen an Fähigkeit und Leistung zuschreiben, und dem, was ich wirklich bin und vermag.“ [4, S. 42]

Einstein hegte einen tiefen Widerwillen gegen jede Art von Prahlerei, Eitelkeit und Ruhmsucht, Terrorisierung und gegen Brutalitäten jeglicher Art [17, S. 72]. Er vertrat niemals die „Moral“ der Ausbeuter und Unterdrücker, er wandte sich mit aller Leidenschaft gegen das Unterjochen und Ausbeuten, „die häßlichsten Erscheinungen im Bereich menschlicher Beziehungen“ [27, S. 55].

Einstein war gegen alle Formen der Menschenverachtung und Abnormitäten im gegenseitigen Verkehr der Menschen und der Staaten untereinander. Er bedauerte die Verkümmerung von Rechts- und Moralgefühlen besonders bei Intellektuellen und hatte kein Verständnis für Klischees und Modetorheiten, für Mode-, Schlag- und Superwörter. In keiner Hinsicht gehörte er zu den

Bequemen, insbesondere dort nicht, wo Anspruch auf absolute Wahrheit erhoben wurde.

> „Wer es unternimmt, auf dem Gebiet der Wahrheit und der Erkenntnis als Autorität aufzutreten, scheitert am Gelächter der Götter.“ [4, S. 106] (1953)

Einstein wies darauf hin:

> „Aberglaube und Priesterherrschaft sind schwere Übel.“ [23, S. 606] (1954)

und brachte bei anderer Gelegenheit zum Ausdruck:

> „Ich bin nicht der Meinung, daß man im Kampf um eine bessere Welt den Namen Gottes ins Spiel bringen sollte. Das ist, wie mir scheint, mit der Integrität eines modernen, gebildeten Menschen nicht vereinbar. Überdies zeigt die Geschichte, daß jede Partei glaubt oder andere davon zu überzeugen sucht, daß Gott auf ihrer Seite stehe. Dadurch werden rationales Verständnis und Verhalten nur noch erschwert. Unablässige, ehrliche Erziehungsarbeit für eine moralisch fundierte, tolerante Geisteshaltung ist der einzige Weg zu einem glücklicheren Leben.“ [23, S. 591] (1953)

Selbstbelobigungen, bombastische Formulierungen und Übertreibungen jeder Art waren ihm fremd. Torheit, Dünkelhaftigkeit, Borniertheit, Buchstabenfanatismus, jede Art der Sklaverei und des Marionettentums waren ihm zuwider; er trat ein für Vernunft und Würde sowie Toleranz, für jegliche Qualität, die das Menschsein ausmacht, dafür, daß ein Gefühl für Würde und Recht der Persönlichkeit lebendig bleibt. Sein Stil und seine Ausdrucksweise waren sowohl in den Publikationen wie in den mündlichen wissenschaftlichen Diskussionen einfach, eindeutig, klar, sachlich und in vielen Fällen auch eindringlich. Er hatte Freude an treffenden Formulierungen, Vergleichen und Analogien und reimte auch gern: man findet nichts Schwülstiges, Übertriebenes oder Verletzendes.

Es erhebt sich generell die Frage, woran Vorurteile zu erkennen sind oder wodurch man Denknotwendigkeiten kennzeichnen kann, also die Frage nach diesbezüglichen Kriterien. Hierauf gibt es wohl keine allgemeingültige kurze Antwort. Daß selbst Wissenschaftler von hohem Rang nicht frei sind von Vorurteilen, geht auch aus dem Schreiben von Planck, Nernst, Rubens und Warburg hervor, in dem sie die Leistungen Einsteins würdigen mit dem Ziel der Berufung an die Preußische Akademie der Wissenschaften in Berlin:

> „Zusammenfassend kann man sagen, daß es unter den großen Problemen, an denen die moderne Physik so reich ist, kaum eines gibt, zu dem nicht Einstein in bemerkenswerter Weise Stellung genommen hätte. Daß er in seinen Spekulationen auch einmal über das Ziel hinausgeschossen haben mag, wie z. B. in seiner Hypothese der Lichtquanten, wird man ihm nicht allzu sehr anrechnen dürfen. Denn ohne einmal ein Risiko zu wagen, läßt sich auch in der exakten Naturwissenschaft keine wirkliche Neuerung durchführen.“ [S 8, S. 202] (1913)

Die Frage nach einem Kriterium (Definition) bezüglich Vorurteilslosigkeit und Denknotwendigkeit mag auf dem Gebiet der Physik manchmal mit dem Hinweis auf Invarianten beantwortet werden. Wie aber ist es damit auf dem weiten Gebiet des moralischen Denkens und Handelns bestellt? Hier mag der Hinweis genügen auf allgemeine moralisch-ethische Grundgesetze, die zu den erwähnten Invarianten eine gewisse Analogie haben mögen. Sie sind hervorgegangen aus der langen geschichtlichen Entwicklung und den Leidenswegen mit dem Ziel der weiteren Mensch- und Vernunftwerdung des homo sapiens, beginnend mit den Sinai-Tafeln eines Moses bis hin zur Charta der Menschenrechte der Vereinten Nationen.

Nach diesen Grundgesetzen zu leben und sie täglich neu zu verteidigen, ist für den einzelnen und auch für Gemeinschaften von Menschen nicht immer leicht. Mitunter ist bereits die Forderung nach ihrer Realisierung mit Gefahren verbunden.

Zur Frage der ethischen Axiome äußert sich Einstein:

> „Der sittliche Genius, der sich in erleuchteten Persönlichkeiten verkörpert, hat das Vorrecht, ethische Axiome von solcher Weite und Tiefe aufzustellen, daß die Menschen sie als Bestätigung ihrer zahllosen persönlichen Gefühlserlebnisse anerkennen. Ethische Axiome werden nicht viel anders als die Axiome der Naturwissenschaft gefunden und geprüft; was die Prüfung der Erfahrung besteht, ist wahr.“ [5, S. 124]

Einstein selbst war keineswegs frei von Irrtümern, Illusionen und Schwankungen in manchen Angelegenheiten. Gibt es überhaupt hiervon Ausnahmen? Die Frage nach der Gefahr von Vorurteilen hat Einstein auch auf sich selbst und seine eigene Arbeit bezogen:

> „Festhalten am Kontinuum stammt bei mir nicht aus einem Vorurteil, sondern aus dem Umstand, daß ich daneben nichts Organisches ausdenken konnte.“
> [25, S. 510] (1949)

Einstein hat eigene Fehler zugegeben. Wohl von keinem anderen Physiker sind vergleichsweise soviele Korrekturen und Richtigstellungen zu einer Reihe von Arbeiten gedruckt worden.

> „Ich habe mich damals geirrt. Meine Berechnungen haben sich als falsch erwiesen ... Ich werde meine Arbeit trotzdem publizieren ... Damit ich einen anderen Narren vielleicht davon abhalten kann, auch ein paar Jahre für die gleiche Idee zu opfern.“ [26, S. 414] (1939)

Es ist selten, daß jemand den Mut hat, Irrtümer öffentlich einzugestehen. Einstein konnte es, nicht zuletzt wegen seiner wissenschaftlichen Redlichkeit und auf Grund seiner undogmatischen Unvoreingenommenheit.

> „Auch ich habe vor einiger Zeit einen monumentalen Bock geschossen (Experiment über Lichtemission mit Kanalstrahlen). Aber man muß sich trösten. Gegen das Böcke-Schießen hilft nur der Tod.“ [9, S. 103] (1922)

Mit zunehmendem Alter ist Einstein noch bescheidener und demütiger geworden. So schrieb er am 3. 2. 1955 an Max von Laue:

> „Wenn ich in den Grübeleien eines langen Lebens etwas gelernt habe, so ist es dies, daß wir von einer tiefen Einsicht in die elementaren Vorgänge viel weiter entfernt sind als die meisten Zeitgenossen glauben.“ [26, S. 397]

In ähnlicher Weise äußerte er sich [15, S. VII]:

> „One thing I have learned in a long life: that all our science, measured against reality, is primitive and childlike — and yet it is the most precious we have.“

Einstein führte seine Leistungen auf Neugier, Konzentration, Ausdauer und Selbstkritik zurück [27, S. 56]. Bei der Rückschau auf sein Werk stellt er in einem Brief an M. Solovine vom 28. 3. 1949 fest:

> „Sie stellen es sich so vor, daß ich mit stiller Befriedigung auf ein Lebenswerk zurückschaue. Aber es ist ganz anders, aus der Nähe gesehen. Da ist kein einziger Begriff, von dem ich überzeugt wäre, daß er standhalten wird, und ich fühle mich unsicher, ob ich überhaupt auf dem rechten Wege bin. Die Zeitgenossen sehen in mir einen Ketzer und Reaktionär, der sich selber sozusagen überlebt hat. Das hat allerdings mit Mode und Kurzsichtigkeit zu schaffen, aber das Gefühl der Unzulänglichkeit kommt von innen. Nun — es kann wohl nicht anders sein, wenn man kritisch und ehrlich ist, und Humor und Bescheidung halten

einen im Gleichgewicht, den äußeren Einwirkungen zum Trotz. ... Das Schmerzlichste ist das Soziale, das sich im großen Rahmen abspielt. Dies Dominieren des blind Triebhaften. ... Das Beste, was bleibt, sind ein paar aufrechte Freunde, die Kopf und Herz am rechten Fleck haben und einander verstehen ...“ [7, S. 94]

Rückschauend äußert sich Einstein ebenfalls in einem Brief an seinen Freund M. Besso:

„Die ganzen 50 Jahre bewußter Grübelei haben mich der Antwort der Frage ‚Was sind Lichtquanten‘ nicht näher gebracht. Heute glaubt zwar jeder Lump, er wisse es, aber er täuscht sich.“ [10, S. 453] (12. 12. 1951)

Etwas wehmütig klingt auch die Bemerkung über „Erfahrung“:

„Erfahrung ist die Summe der Erfahrungen, die man lieber nicht gemacht hätte. Und doch ist es eine gute Sache, wenn man diese Schule hinter sich hat.“ [23, S. 572]

Hinter seinen scharfsinnigen und treffsicheren Bemerkungen steckte oft ein tiefverwurzelter Humor. Einstein wurde auch als das Gewissen seiner Zeit bezeichnet. Etwas resignierend stellte er fest:

„Es ist kaum zu glauben, wie wenig die Menschen selbst aus den härtesten Erfahrungen lernen.“ [7, S. 88] (1948)

Und an seinen Freund Besso schrieb er [10, S. 403] (1949):

„Es ist ein glückliches Schicksal, wenn man bis zum letzten Schnaufer durch die Arbeit fasziniert wird. Sonst würde man zu sehr leiden unter der Dummheit und Tollheit der Menschen, wie sie sich hauptsächlich in der Politik äußert.“

Einsteins charakterlich-moralische Größe, der wir mit Respekt und Hochachtung gegenüberstehen, findet auch ihr Vermächtnis in seinem letzten handgeschriebenen unvollendeten Schriftstück, wo es u. a. heißt:

„Wenn es sich um Wahrheit und Gerechtigkeit handelt, gibt es nicht die Unterscheidung zwischen kleinen und großen Problemen. Denn die allgemeinsten Gesichtspunkte, die das Handeln der Menschen betreffen, sind unteilbar. Wer es in kleinen Dingen mit der Wahrheit nicht ernst nimmt, dem kann man auch in großen Dingen nicht vertrauen. – Diese Unteilbarkeit gilt aber nicht nur für das Moralische, sondern auch für das Politische; denn die kleinen Probleme können nur richtig erfaßt werden, wenn sie in ihrer Abhängigkeit von den großen Problemen verstanden werden." [23, S. 642] (1955)

2.3. *Bildung, Zusammenarbeit, soziale Gerechtigkeit*

„Die Sorge um den Menschen selbst und sein Schicksal muß stets das Hauptanliegen aller fachwissenschaftlichen Bestrebungen bilden.
... Das sollte man mitten unter seinen Diagrammen und Gleichungen nie vergessen." [25, S. 481]

Auch den Schul- und Bildungsfragen, den Problemen der internationalen Zusammenarbeit sowie allen anderen Fragen des öffentlichen Lebens trat Einstein mit gewohnter Unvoreingenommenheit und ohne Vorurteil gegenüber. In Angelegenheiten der sozialen Gerechtigkeit zeigte er ein besonders großes Engagement. Viele seiner Gedanken werden die Zeiten überdauern und können Richtschnur für das Denken und Handeln der heranwachsenden Generation sein. Sein Lebensziel war der Dienst an der menschlichen Gesellschaft unter der Devise „Nicht herrschen, sondern dienen". Als Lebensmaxime kann auch heute noch gelten: „Sich das gesunde Gefühl nicht durch starre Grundsätze töten lassen." Als Orientierung in der Erziehungsarbeit kann auch sein Satz stehen:

„Ein guter und fester Charakter ist mehr wert als Verstand und Gelehrsamkeit.“

Die hier und da verstreut zu findenden Äußerungen Einsteins zu Pädagogik und Schule entstammen fast ausschließlich den beiden Quellen A. Moszkowski [22] und seiner Ansprache in der Universität New York (1936), die in seinem Buch „Aus meinen späten Jahren“ [5] abgedruckt ist. Einstein — seinem Studienabschluß gemäß Physiklehrer — spricht hierin zu den Erziehungsfragen auf Grund seiner Erfahrungen als Student und als Lehrer. Vieles ist beherzigens- und nachdenkenswert und erscheint mit Bezug auf den Zeitpunkt der Äußerung sehr modern; es zeigt vor allem aber die Unabhängigkeit seines Urteils.

Zu Erziehungsfragen findet man auch Gedanken Einsteins in dem Band „Weltbild“ [4, S. 23–27]. Dort steht u. a.:

> „Es wird überhaupt zuviel erzogen, besonders an amerikanischen Schulen. Es gibt keine andere vernünftige Erziehung, als Vorbild sein, wenn's sein muß, ein abschreckendes“.

> „Diese Schule [in Aarau, HM] hat durch ihren liberalen Geist und durch den sittlichen Ernst der auf keinerlei äußerliche Autorität sich stützenden Lehrer einen unvergeßlichen Eindruck in mir hinterlassen; durch Vergleich mit sechs Jahren Schulung an einem deutschen, autoritär geführten Gymnasium wurde mir eindringlich bewußt, wie sehr die Erziehung zu freiem Handeln und Selbstverantwortlichkeit jener Erziehung überlegen ist, die sich auf Drill, äußere Autorität und Ehrgeiz stützt. Echte Demokratie ist doch kein leerer Wahn.“ [27, S. 9, 10]

> „Bestand und Gesundheit der menschlichen Gesellschaft hängen stärker als zuvor von der Schule ab. ... Zuweilen hält man die Schule nur für ein Instrument zur Weitergabe einer Höchstmenge von Wissen an

die heranwachsende Generation. Das ist nicht richtig. Wissen allein ist tot; die Schule aber dient dem Lebendigen. Sie soll in den jungen Menschen alle Eigenschaften und Fähigkeiten entwickeln, die für die Wohlfahrt der Allgemeinheit wertvoll sind. ... Persönlichkeiten aber werden nicht durch schöne Reden geformt, sondern durch Arbeit und eigene Leistung. ... Mir scheint es als das Schlimmste, wenn eine Schule prinzipiell mit den Methoden der Angst, der Gewalt und künstlichen Autorität arbeitet. Solche Behandlungsmethoden zerstören die gesunden Gefühle, die Aufrichtigkeit und das Selbstvertrauen der Schüler. Damit produziert man den unterwürfigen Untertan. ... Der Wert eines Mannes sollte in dem bestehen, was er gibt, und nicht in dem, was er zu erlangen vermag. ... Also ist das wichtigste Motiv für die Arbeit in der Schule und im Leben die Freude an ihrem Ergebnis und die Erkenntnis ihres Wertes für die Gemeinschaft. ... Ich habe Kinder gekannt, denen die Schule lieber war als die Ferienzeit. Eine Schule dieser Art verlangt, daß der Lehrer auf seinem Gebiet gewissermaßen ein Künstler ist. ... Auch auf ihn trifft es zu, daß die Freude am Aufbau seiner Arbeit durch Gewalt und äußeren Druck getötet wird. ... Die Schule sollte es sich immer zum Ziel setzen, den jungen Menschen als harmonische Persönlichkeit und nicht als Spezialisten zu entlassen. ... Die Entwicklung der allgemeinen Fähigkeit zu selbständigem Denken und Urteilen sollte stets an erster Stelle stehen und nicht die Aneignung von Spezialkenntnissen.“ [5, S. 35, 45]

„Worin besteht danach die Funktion von Erziehung und Schule? Beide sollten dem jungen Menschen helfen, in solchem Geiste aufzuwachsen, daß die fundamentalen Grundsätze für ihn so selbstverständlich sind wie die Luft, die er atmet. Das aber kann ihm nur durch Erziehung zuteil werden.“ [5, S. 28]

Der Jugend empfahl Einstein, die Literatur der Schriftsteller des Altertums zu lesen, „um den Gegenwartshochmut zu überwinden". Er sagte in diesem Zusammenhang:

„Einer, der nur Zeitungen liest und, wenn's noch geht, Bücher zeitgenössischer Autoren, kommt mir vor, wie ein hochgradig Kurzsichtiger, der es verschmäht, Augengläser zu tragen. Er ist völlig abhängig von den Vorurteilen und Moden seiner Zeit, denn er bekommt nichts anderes zu sehen und zu hören." (1952)

Einstein sah aber auch:

„Die Kinder benutzen nicht die Lebenserfahrungen der Eltern; die Nationen kehren sich nicht um die Geschichte. Die schlechten Erfahrungen müssen immer wieder aufs Neue gemacht werden." [23, S. 76] (1923)

Über die Schwierigkeiten, vernünftige Erziehungsziele durchzusetzen, machte sich Einstein keine Illusionen:

„Die Menschen schmeicheln mir, solange ich ihnen nicht unbequem bin. Versuche ich aber, Zielen zu dienen, die ihnen unbequem sind, so gehen sie sofort zur Beschimpfung und Verleumdung über, um ihre Interessen zu verteidigen. Und die Unbeteiligten ducken sich meistens in Feigheit." [4, S. 54] (ca. 1930)

„Große Geister haben stets heftige Gegnerschaft in den Mittelmäßigen gefunden. Diese Letzteren können es nicht verstehen, wenn ein Mensch sich nicht gedankenlos ererbten Vorurteilen unterwirft, sondern ehrlich und mutig seine Intelligenz gebraucht und die Pflicht erfüllt, die Ergebnisse seines Denkens in klarer Form auszusprechen." [23, S. 323] (1940)

Da Einsteins Werk nicht nur für die Physik eine überragende Bedeutung hat, sondern auch die Erkenntnistheorie und die Denkweise überhaupt beeinflußte, ist es naheliegend, die Jugend möglichst frühzeitig damit bekannt zu machen, damit sich manche Vorurteile gar nicht erst ausbilden können. Man würde von Einstein nichts lernen, wenn man meint, *alle* seine Erkenntnisse nnd „Wahrheiten", seine Lebensauffassungen seien absolute Größen oder Invarianten und demzufolge für alle Zeiten unveränderlich; das würde Einsteins Grundauffassung selbst zuwiderlaufen.

Einsteins bemerkenswertes Interesse an Erziehungsproblemen bestimmte maßgeblich sein Wirken in der Öffentlichkeit, seine Mitarbeit in der Liga für Menschenrechte beim Völkerbund, seine vielfältigen Aktivitäten um Völkerverständigung und Frieden, sein unvergleichliches Engagement um Abrüstung und sein Ringen um die moralische Verantwortung der Wissenschaftler, das er selbst so vorbildlich vorlebte — mitunter zum Ärger und Unverständnis der meisten seiner Kollegen, die der Meinung waren, ein Wissenschaftler müsse sich von solchen Fragen fernhalten. Einstein stand aber nicht nur im Brennpunkt des öffentlichen Interesses wegen seiner wissenschaftlichen Leistungen, sondern weil er sich auch den brennenden Fragen widmete, die sich auf die Existenz und das weitere Fortbestehen der Menschheit beziehen.

Seine Reisen nach dem 1. Weltkrieg waren in der Art derjenigen eines Sonderbotschafters für den Frieden. Bei seinem Besuch in Frankreich 1922 wollte er auch die Schlachtfelder sehen. Voller Erschütterung sagte er angesichts der Zerstörungen vor Verdun:

> „Alle Studenten Deutschlands müssen hierher gebracht werden, alle Studenten der Welt, damit sie sehen, wie häßlich der Krieg wirklich ist. Die Leute machen sich oft falsche Vorstellungen, weil sie aus Büchern stammen. Die meisten Deutschen haben ein Bild von den Franzosen, das rein literarisch ist, und viele Menschen haben eine ebenso literarische Auffassung vom Krieg und den Ruinen, die er schafft. Wie notwendig ist es, daß sie herkommen und sehen." [S 14]

Auf einem Treffen der Deutschen Liga für Menschenrechte im Reichstagsgebäude führte Einstein aus:

> „Ich glaube, es ist von größter Bedeutung, daß, wo immer sich die Möglichkeit ergibt, Menschen verschiedener Sprache, verschiedener politischer und kultureller Anschauungen, über ihre Grenzen hinweg miteinander in Verbindung treten – nicht mit dem Hintergedanken, daß sie etwas aus den anderen für ihren eigenen Vorteil oder den ihres Landes herausholen könnten, sondern um in einem Geist des guten Willens die Kluft zwischen den geistigen Gruppen in vergleichsweise unabhängigen Sphären zu überbrücken.“ [E 21] (1922)

> „Hervorragende Menschen zu leiten, ist alles andere als leicht. Selbständige und eigenwillige Persönlichkeiten beugen sich nicht gern fremdem Willen und lassen sich nur ungern führen.“ [29]

Er trat für Verbindungen über die Grenzen hinweg ein und wandte sich gegen die Isolierung der Wissenschaft. Eine solche Isolierung führe u. a. dazu, daß man bei der Beurteilung gewisser Phänomene den Sinn für Proportionen verliere. Der internationale Austausch ist wesentlich und unerläßlich. Wo ein solcher intellektueller Austausch unterbleibt, drohe die Gefahr der Isolierung und Sterilität.

Im Hinblick auf das „Häuflein emsiger Denkmenschen“ warf Einstein in einem Brief an seinen Freund Paul Ehrenfest in Leiden die Frage auf:

> „Sollen auch diese Menschen Gesinnungen haben, die alleinige Funktionen des Wohnortes sind?“ [26, S. 250] (1915)

Das erinnert an den Aphorismus (L 458)[1]) von Georg Christoph Lichtenberg (1742–1799): „Die Linien der

[1]) Die für Lichtenberg gängige Bezeichnung seiner alphabetisch (A bis L) geordneten Aphorismen-Bücher.

Humanität und Urbanität fallen nicht zusammen". Einstein hat besonders in seinen späten Jahren seine Hochachtung und Wertschätzung für LICHTENBERG zum Ausdruck gebracht. Es überrascht nicht, daß sich viele Ähnlichkeiten bzw. Parallelen in den Anschauungen und Äußerungen beider Männer finden lassen.

In seiner Botschaft an einen Kongreß der Societa Italiana per il Progresso della Scienza, der 1950 in Lucca stattfand, nimmt er Stellung zur moralischen Verantwortung des Wissenschaftlers und spricht etwas resigniert von der Erniedrigung des wissenschaftlichen Menschen. (Publiziert: UNESCO-Zeitschrift Impact (1950), Newsletter (Dez. 1951), Bulletin of the Atomic Scientists (Febr. 1952); deutsche Originalfassung in Phys. Blätter 8 (1952) 193; siehe auch Weltbild, S. 171 und S. 201, wo vom 42. Kongreß, im Gegensatz zu den Phys. Bl., wo vom 43. Kongreß die Rede ist.) Hier führt Einstein u. a. aus:

> „Wir leben jedoch in einer Zeit solcher äußeren und inneren Unsicherheit, in einer solchen mangels an festen Zielen, daß auch das Bekennen von Überzeugungen von Wert sein kann, auch dann, wenn diese Überzeugungen nicht solcher Art sind, daß sie logisch begründet werden können. ... Der wissenschaftliche Mensch ist wohl auch bedrückt darüber, daß seine Forschungsergebnisse eine akute Bedrohung der Menschheit mit sich gebracht haben, nachdem die Früchte dieser Forschung in die Hände seelenblinder Träger der politischen Gewalt gefallen sind. Er ist sich des Umstandes bewußt, daß die auf seinen Forschungen fußenden technischen Methoden zu einer Konzentration der wirtschaftlichen und damit auch der politischen Macht in die Hände kleiner Minoritäten geführt haben, von deren Manipulationen das Schicksal des immer mehr amorph erscheinenden Haufens der Individuen völlig abhängig geworden ist! Noch mehr: Jene Konzentration der politischen und wirtschaft-

lichen Macht in wenigen Händen hat nicht nur eine äußere materielle Abhängigkeit auch des wissenschaftlichen Menschen mit sich gebracht: sie bedroht auch seine Existenz von innen, indem sie durch die Schaffung raffinierter Mittel geistiger und seelischer Beeinflussung den Nachwuchs unabhängiger Persönlichkeiten unterbindet. ... Von den Trägern der politischen Macht muß er sich einen Maulkorb anhängen lassen.“

Einstein sprach oft aus, was viele wußten, aber es möglicherweise deshalb nicht sagten, weil sie meinten, es nicht ändern zu können.

Als Grundsatz der Zusammenarbeit erkannte er:

„Vertrauen und Loyalität, die unentbehrlichen Stützen eines gesunden Gemeinwesens, können nur auf der Basis der Gegenseitigkeit gedeihen.“ [23, S. 475] (1948)

Sein langjähriger Freund, Otto Nathan, stellt fest: „Einstein war Sozialist.“ [23, S. 10] Er weist nach, warum Einstein Sozialist war.

Einsteins leidenschaftliches Eintreten für soziale Gerechtigkeit und soziale Verpflichtung beruht nicht zuletzt auf seiner Erkenntnis:

„Unterjochen und Ausbeuten sind die häßlichsten Erscheinungen im ganzen Bereich menschlicher Beziehungen“,

wie es in einem seiner Briefe an seinen Freund, den Arzt Dr. Hans Mühsam, heißt [27, S. 55] (1952).

Obwohl sein Aufsatz „Warum Sozialismus?“ inmitten einer Umgebung zahlreicher und massiver Vorurteile entstanden ist, vermochte das seinen Blick nicht zu trüben. Er erschien 1949 in der Monthly Review in New York [E 18] (siehe auch: [5, S. 131—139]). Darin heißt es u. a., daß die wahre Absicht des Sozialismus gerade darin bestehe, die „räuberische Phase“ der menschlichen Entwicklung zu überwinden und:

„Der Mensch kann eben in seinem kurzen und gefahrenreichen Leben einen Sinn nur finden, wenn er sich dem Dienst an der Gesellschaft widmet. Die wirtschaftliche Anarchie der kapitalistischen Gesellschaft von heute ist meiner Meinung nach die wahre Quelle dieses Übels. ... Ich bin überzeugt, um diesen schweren Mißständen abzuhelfen, gibt es nur ein Mittel, nämlich die Errichtung einer sozialistischen Wirtschaft mit einem Erziehungssystem, das auf soziale Ziele abgestellt ist. In einer solchen Wirtschaft gehören dann die Produktionsmittel der Gemeinschaft, die sie nach einem bestimmten Plan benutzt. Man würde in einer solchen Planwirtschaft die Produktion den Bedürfnissen der Gemeinschaft anpassen, die zu leistende Arbeit unter die Arbeitsfähigen verteilen und jedem, Mann, Frau und Kind, den Lebensunterhalt garantieren. In der Erziehung würde man Sorge tragen, in jedem einzelnen neben seinen eigenen Gaben auch das Verantwortungsgefühl gegenüber seinen Mitmenschen zu pflegen und nicht wie in unserer heutigen Gesellschaft Macht und Erfolg zu verherrlichen.“

Und abschließend meint er kritisch:

„Trotz allem darf man nicht vergessen, daß eine Planwirtschaft noch kein Sozialismus ist. Eine Planwirtschaft als solche kann auch eine vollständige Versklavung des einzelnen mit sich bringen. Der Sozialismus muß zuallererst einige äußerst schwierige sozialpolitische Fragen lösen, z. B.: Wie läßt es sich angesichts der weitreichenden Zentralisierung der politischen und wirtschaftlichen Macht vermeiden, daß die Bürokratie zu mächtig und anmaßend wird? Wie schützt man die Rechte des einzelnen? Wie bildet man aus ihnen ein demokratisches Gegengewicht gegen die Bürokratie?“

Einstein konnte zu vorurteilslosen Meinungen gelangen, weil er sich zeitlebens nicht reglementieren, degradieren oder manipulieren ließ.

2.4. Humanismus und Frieden

> „Das Denken und die Methoden der Vergangenheit konnten die Weltkriege nicht verhindern, aber das Denken der Zukunft *muß* Kriege unmöglich machen.“

Das schrieb Einstein in der New York Times 1946 [25, S. 486].

Einstein hat sein erstes bedeutendes Engagement für den Frieden bereits in seinen jungen Jahren in Berlin unter Beweis gestellt, als er den nationalistischen Aufruf der Intellektuellen „An die Kulturwelt“ im Oktober 1914 nicht unterschrieb und sich dazu auch nicht durch gewichtige Namen der 93 Unterzeichner verleiten ließ. Die Unabhängigkeit seines Urteils dokumentierte er, indem er an der Ausarbeitung eines Gegenmanifestes mitwirkte und mutig den nationalistischen Vorurteilen entgegentrat.

Dieser seiner Auffassung blieb er treu. Er setzte diese Linie konsequent und unbeirrt als Mahner und Warner fort, der die Menschheit vor Selbstvernichtung bewahren will. In dem nationalistischen Flugblatt hieß es:

> „Es ist nicht wahr, daß Deutschland diesen Krieg verschuldet hat. ... Es ist nicht wahr, daß unsere Kriegsführung die Gesetze des Völkerrechts mißachtet. ... Es ist nicht wahr, daß der Kampf gegen unseren sogenannten Militarismus kein Kampf gegen unsere Kultur ist, wie unsere Feinde heuchlerisch vorgeben. Ohne den deutschen Militarismus wäre die deutsche Kultur längst vom Erdboden getilgt.“ [24]

Unter den 93 Unterzeichnern waren 15 Naturwissenschaftler: Adolf v. Baeyer, Karl Engler, Emil Fischer, Wilhelm Foerster, Fritz Haber, Ernst

Haeckel, Gustav Hellmann, Felix Klein, Max v. Laue, Philipp Lenard, Walther Nernst, Wilhelm Ostwald, Max Planck, Wilhelm Röntgen, Wilhelm Wien, Richard Willstätter, des weiteren 17 Künstler, u. a. Max Klinger, Max Liebermann, Hans Thoma, des weiteren 12 Theologen, u. a. Adolf v. Harnack, des weiteren 9 Dichter, u. a. Gerhart Hauptmann, 7 Juristen, 7 Mediziner, 7 Historiker, 5 Kunstschriftsteller, 4 Philosophen (Rudolf Eucken, Wilhelm Wundt), 4 Philologen, 3 Musiker (Engelbert Humperdinck, Siegfried Wagner), 2 Politiker und 1 Theatermann (Max Reinhardt).

Innerhalb weniger Tage zirkulierte ein Gegenmanifest „Aufruf an die Europäer", das die Unterschriften der drei Wissenschaftler A. Einstein, W. Foerster, C. F. Nicolai und des Studenten O. Buek trug, das wohl in der Hauptsache von Nicolai ausgearbeitet worden war; Nicolai verlor seine Stellung, da für ihn Meinungsunfreiheit bestand. W. Foerster, der 84jährige Direktor der Sternwarte bereute, daß er seine Unterschrift zuerst dem Manifest der 93 gegeben hatte.

In diesem Aufruf der 4, der bei [24] wiedergegeben ist, heißt es u. a.:

> „Während Technik und Verkehr uns offensichtlich zur faktischen Anerkennung internationaler Beziehungen und damit zur allgemeinen Weltkultur drängen, hat noch nie ein Krieg die kulturelle Gemeinschaftlichkeit des Zusammenarbeitens so intensiv unterbrochen, wie der gegenwärtige. Vielleicht kommt es uns allerdings auch nur deshalb so auffällig zum Bewußtsein, weil eben so zahlreiche gemeinschaftliche Bande vorhanden waren, deren Unterbrechung wir schmerzlich verspüren.
>
> Darf uns also dieser Zustand auch nicht wundernehmen, so wären doch diejenigen, denen jene gemeinsame Weltkultur auch nur im geringsten am Herzen liegt, doppelt verpflichtet, für die Aufrechterhaltung dieser

Prinzipien zu kämpfen. Diejenigen aber, bei denen man solche Gesinnung vermuten sollte — also vornehmlich Wissenschaftler und Künstler — haben bis jetzt fast ausschließlich Dinge gesagt, die vermuten lassen, als ob mit der Unterbrechung der tatsächlichen Beziehungen auch selbst der Wunsch zu deren Fortsetzung geschwunden sei, sie haben aus einer erklärlichen Kampfstimmung heraus gesprochen — zum mindesten nicht zum Frieden geredet.

Solche Stimmung ist durch keine nationale Leidenschaft zu entschuldigen, sie ist unwürdig dessen, was bisher alle Welt unter dem Namen der Kultur verstanden hat, und sollte sie Allgemeingut der Gebildeten werden, so wäre das ein Unglück ..."

Weiter schreibt NICOLAI [24, S. 14]:

„Wenn wir bei der privaten Versendung des Aufrufs auch zahlreiche freundliche Zustimmung fanden, so wollten doch selbst die Beistimmenden nicht unterzeichnen: dem einen schien der Passus mit Griechenland historisch nicht ganz richtig, ein anderer meinte, ein solcher Aufruf käme zu spät, ein Dritter, er käme zu früh, wieder ein anderer hielt es für inopportun, wenn sich die Wissenschaft überhaupt in die Händel der Welt mengte, usw. Die meisten aber waren zu feige, oder sie waren prinzipiell anderer Ansicht. Selbst die besten Deutschen wollten in jenen Tagen nicht gute Europäer sein oder — wagten es nicht. Da aber ein Aufruf nur Wert haben konnte, wenn er getragen wurde von der Autorität anerkannter Namen, so ließen wir den Plan fallen.

Tief bekümmert erkannten wir unsere Einsamkeit. Unser Trost jedoch — daß Verstand immer nur bei wenigen gewesen — schien uns nicht einmal Hochmut; denn zu offenkundig logen die anderen oder ließen sich zu leichtgläubig täuschen. Nirgends war auch nur der Wunsch nach Wahrheit erkennbar; Man wollte sich begeistern und nahm freiwillig den Betrug mit in den

Kauf — die Gesinnung galt, aber nicht mehr die Begründung — der Trieb, aber nicht mehr der freie Wille. Gern und freiwillig schieden wir uns von der Masse der Intellektuellen, da sie sich freiwillig von dem spezifisch Menschlichen geschieden hatte."

Im Vorwort zur ersten Auflage des NICOLAIschen Buches heißt es:

„Der Verfasser sieht im Kriege eine längst überwundene Stufe der Menschheitsentwicklung, ebenso überwunden wie Menschenfresserei und Sklaverei."

Und ROMAIN ROLLAND schreibt in seinem Geleitwort zu NICOLAIS Buch [24]:

„Die Geschichte wird späterhin feststellen, daß in einem jeden Lande die besten Bürger der Nation und die besten Verteidiger der Rassenehre diejenigen gewesen sind, die auf die Gefahr hin, die eigene Stellung, ihren guten Ruf oder sogar ihr Leben zu verlieren, es gewagt haben, sich gegen die Irrtümer und Torheiten ihrer Völker zu erheben."

Zum 10. Jahrestag des Waffenstillstandes kritisierte Einstein 1928 in der Zeitschrift „Die Menschenrechte" [E 6]:

„Die politische Apathie der Völker in Friedenszeiten weist darauf hin, daß sie sich später bereitwillig zum Hinschlachten führen lassen werden, weil ihnen heutzutage sogar der Mut fehlt, ihre Unterschrift zur Unterstützung der Abrüstung zu geben, werden sie morgen gezwungen sein, ihr Blut zu vergießen."

Einstein erkannte frühzeitig die Folgen der faschistischen Machtübernahme:

„Die Diktatur bringt den Maulkorb und dieser die Stumpfheit. Wissenschaft kann nur gedeihen in der Atmosphäre des freien Wortes!" [3, S. 21]

Im Zusammenhang mit seiner Tätigkeit für den Völkerbund bat Einstein in einem Brief vom 30. 7. 1932 aus Caputh Sigmund Freud um eine Analyse zur Frage „Warum Krieg?“ Die Beiträge beider Männer zu dieser Frage erschienen in einer gemeinsamen Broschüre, die (natürlich) in Deutschland verboten war; nicht einmal Ankündigungen waren erlaubt. Einstein schreibt darin — statt eines Vorwortes — „Für einen militanten Pazifismus“. Dort heißt es u. a.:

> „Vor allem aber dürfen wir nicht zulassen, daß unsere Gedanken und Bemühungen von konstruktiver Arbeit abgehalten und für die Vorbereitung eines neuen Krieges mißbraucht werden. ... Ist es nicht besser, für eine Sache zu sterben, an die man glaubt, wie an den Frieden, als für eine Sache zu leiden, an die man nicht glaubt, wie an den Krieg? Jeder Krieg fügt ein weiteres Glied an die Kette des Übels, die den Fortschritt der Menschheit verhindert. ... Ich will lieber Frieden lehren als Haß, lieber Liebe als Krieg. Die Schulbücher müssen neu geschrieben werden. Statt uralte Konflikte und Vorurteile zu verewigen, soll ein neuer Geist unser Erziehungssystem erfüllen. Unsere Erziehung beginnt in der Wiege: Die Mütter der ganzen Welt haben die Verantwortung, ihre Kinder im Sinne der Friedenserhaltung zu erziehen.“

Einstein war kein Pazifist um seiner selbst willen, kein Pazifist um jeden Preis; auch er sah sich genötigt, zum Kampf aufzurufen als der Faschismus keine andere Wahl ließ.

Eine authentische Charakterisierung der pazifistischen Haltung Einsteins gibt Max Born [9, S. 202]:

> „Aber die Ereignisse unserer Zeit hatten ihn, wie auch mich, gelehrt, daß die letzten ethischen Werte, auf denen alles Menschtum beruht, in letzter Not auch durch Gewalt und unter Opfern von Menschenleben verteidigt werden müssen.“

Zur Beurteilung der Auffassung Einsteins vom Pazifismus sind schließlich seine Äußerungen wesentlich:

„Bis etwa 1933 habe ich mich für Verweigerung des Militärdienstes eingesetzt. Als aber der Faschismus aufkam, erkannte ich, daß dieser Standpunkt nicht aufrechtzuerhalten war, wenn nicht die Macht in der ganzen Welt in die Hände der schlimmsten Feinde der Menschheit geraten soll. Gegen organisierte Macht gibt es nur organisierte Macht; ich sehe kein anderes Mittel, so sehr ich es auch bedaure.“ [23, S. 330] (1941)

Am 23. 6. 1953 schrieb Einstein an Shinohara [23, S. 589]:

„Ich bin ein entschiedener, aber kein absoluter Pazifist, das heißt, daß ich der Anwendung von Gewalt unter irgendwelchen Umständen entgegentrete, ausgenommen, wenn ich mit einem Feind konfrontiert werde, der die Vernichtung von Leben als Ziel betreibt. Ich habe immer die Anwendung der Atombombe gegen Japan verdammt. Wie auch immer, ich war völlig machtlos, die verhängnisvolle Entscheidung zu verhindern, für die ich so wenig verantwortlich bin wie Sie für die Handlungen der Japaner in Korea und China. Ich habe niemals gesagt, daß ich die Anwendung der Atombombe gegen die Deutschen gebilligt haben würde. Ich glaubte, wir müßten die Möglichkeit Deutschlands vermeiden, unter Hitler im alleinigen Besitz dieser Waffe zu sein. Das war die wirkliche Gefahr dieser Zeit.

Ich bin nicht nur gegen Krieg gegen Rußland, sondern gegen allen Krieg – mit dem obigen Vorbehalt.“

Einsteins zeitweiliges Mitwirken an zionistischen Zielen war auf kulturelle Angelegenheiten beschränkt. Stets stellte er den Frieden mit den Arabern als erste Notwendigkeit heraus:

„Er würde mit der Zionistenbewegung nicht verbunden bleiben, sagte er, wenn sie nicht versuchte, in Wort und Tat mit den Arabern Frieden zu schließen.“

Das sagte Einstein zu Norman Bentwich, der ihn 1930 in seinem Sommerhaus in Caputh besuchte.

Einsteins Bereitschaft zur Mitwirkung hatte Grenzen, er ließ sich nicht bedingungslos für den Zionismus gewinnen. Die Araber sollten in Israel völlig gleichberechtigt und loyal behandelt werden.

Lange vor der Gründung des Staates Israel hatte Einstein immer wieder betont, daß die friedliche Zusammenarbeit und gutnachbarliche Beziehungen zwischen Juden und Arabern die wesentliche Voraussetzung für eine gesunde Entwicklung seien. Gerade weil das jüdische Volk so schwer unter Vorurteil und Unterdrückung gelitten habe, müsse es ein volles Verständnis für die arabischen Forderungen nach Freiheit, Demokratie und Gleichberechtigung haben.

> „Wir sollen unablässig darauf bedacht sein, die in unserer Mitte lebenden Bürger arabischer Nationalität als in jeder Beziehung gleichberechtigt zu behandeln und das nötige Verständnis für die in der Natur der Dinge liegenden Schwierigkeiten ihrer Situation aufzubringen. Durch solche Haltung werden wir nicht nur loyale Mitbürger gewinnen, sondern auch unsere Beziehungen zur arabischen Welt langsam, aber sicher verbessern.“ [23, S. 632] (1955)

Im März 1933 sprach Einstein als „Bekenntnis“ die Worte:

> „Solange mir eine Möglichkeit offensteht, werde ich mich nur in einem Lande aufhalten, in dem politische Freiheit, Toleranz und Gleichheit aller Bürger vor dem Gesetz herrschen. Zur politischen Freiheit gehört die Freiheit der mündlichen und schriftlichen Äußerung politischer Überzeugung, zur Toleranz die Achtung vor jeglicher Überzeugung eines Individuums.
> Diese Bedingungen sind gegenwärtig in Deutschland nicht erfüllt. Es werden dort diejenigen verfolgt, die sich um die Pflege internationaler Verständigung

besonders verdient gemacht haben, darunter einige der führenden Künstler.

Wie jedes Individuum, so kann auch jeder gesellschaftliche Organismus psychisch krank werden, besonders in Zeiten erschwerter Existenz. Nationen pflegen solche Krankheiten zu überstehen. Ich hoffe, daß in Deutschland bald gesunde Verhältnisse eintreten werden und daß dort in Zukunft die großen Männer wie Kant und Goethe nicht nur von Zeit zu Zeit gefeiert werden, sondern daß sich auch die von ihnen gelehrten Grundsätze im öffentlichen Leben und im allgemeinen Bewußtsein durchsetzen." [4, S. 81]

Im Hinblick auf das Bestehen und Wirken der traditionsreichen GOETHE-Gesellschaft könnte eine analoge internationale Einstein-Gesellschaft wesentlich für eine Pflege und Verbreitung der Einsteinschen wissenschaftlichen Lehren wie auch der ethisch-moralischen beitragen.

Als Einstein 1933 seinen Austritt aus der Preußischen und der Bayerischen Akademie der Wissenschaften erklärte und nicht mehr nach Deutschland zurückkehrte, zeigte es sich, daß sein politisches Engagement und seine Aktivitäten durchaus nicht immer sogar von ihm nahestehenden Kollegen verstanden wurden.

In einem Brief an MAX VON LAUE vom 26. 5. 1933 schrieb Einstein:

„Deine Ansicht, daß der wissenschaftliche Mensch in den politischen, d. h. menschlichen Angelegenheiten in weiterem Sinne, schweigen soll, teile ich nicht. Du siehst ja gerade an den Verhältnissen in Deutschland, wohin solche Selbstbeschränkung führt. Es bedeutet, die Führung den Blinden und Verantwortungslosen widerstandslos überlassen. Steckt nicht Mangel an Verantwortungsgefühl dahinter? Wo stünden wir, wenn Leute wie Giordano Bruno, Spinoza, Voltaire, Humboldt so gedacht und gehandelt hätten? — Ich bedaure kein Wort, was ich gesagt habe, und glaube, dadurch den Menschen gedient zu haben." [23, S. 234]

Die bitteren Erfahrungen mit dem deutschen Faschismus, der viele Millionen Menschen hinmordete, schwingen wohl auch in Einsteins Wort über CASALS mit:

„Er hat klar erkannt, daß die Welt mehr bedroht ist durch die, welche das Übel dulden oder ihm Vorschub leisten, als durch die Übeltäter selbst.“ [E 17] (1953)

Wie treffsicher Einsteins Urteil auch in politischen Fragen war, geht aus vielen brieflichen Äußerungen an seinen Freund und früheren Kollegen am Berner Patentamt, MICHELE BESSO, hervor:

„Das Beste, was unterdessen passiert ist, ist der Vertrag von Locarno; das war für mich eine wirkliche Freude. Die Politiker sind heute vernünftiger als die Professoren.“ [10, S. 215] (vom 25. 12. 1925)

Am 5. 5. 1933 schrieb er ihm aus Belgien:

„Mich persönlich hat es eigentlich nicht erwischt, wohl aber so ziemlich alle, die mir einigermaßen nahestehen. Wieder rächt sich Bismarcks verhängnisvolles Erziehungswerk an den Deutschen.“

Und mit etwas bitterer Ironie steht unter P. S.:

„Grüße auch Anna und sage ihr, sie könne am besten an den deutschen Verhältnissen ermessen, wie es auf der von ihr konzipierten Gelehrteninsel zugehen würde.“

Wegen der Beurteilung des Dreier-Treffens in München rügt er seinen Freund, da er anderer Auffassung ist:

„Du hast Vertrauen auf die Engländer und sogar auf Chamberlain? O sancta simpl ...! Er opfert Osteuropa in der Hoffnung, Hitler möchte sich gegen Rußland austoben. Aber wir werden sehen, daß auch hier die Schlauheit kurze Beine hat. ... Ich gebe keinen Pfifferling mehr für Europas Zukunft.“ [10, S. 330] (1938)

Aus einem Brief an SOLOVINE entnimmt man wiederum die seherhafte Richtigkeit seiner politischen Ansichten:

> „Es ist furchtbar, daß Frankreich Spanien und die Czechoslowakei verraten hat. Das Schlimmste daran ist, daß es sich bitter rächen wird.“ [7, S. 76] (1938)

Im Rückblick meint Einstein:

> „Es erscheint phantastisch zu denken, daß ein halbes Jahrhundert dazwischen liegt. Jedenfalls war dieses weit ergiebiger im Bereich der politischen Torheiten als im Bereich der wissenschaftlichen Erkenntnis.“
> [27, S. 31]

Eine außerordentlich verdienstvolle Arbeit ist O. NATHAN und H. NORDEN zu verdanken, die das Werk „Einstein über den Frieden“ herausgegeben haben [23]. Es ist überwältigend, wie Einstein außer seinem großen wissenschaftlichen Lebenswerk noch derart umfangreiche und intensive Anstrengungen und Tätigkeiten in der Friedensarbeit vollbringen konnte. Dieses Buch über Einsteins Friedenswerk ist mehr als eine wahre Fundgrube feinster Gedanken und Anregungen. Darin heißt es beispielsweise in Einsteins klarer Sprache:

> „Bloßes Lob des Friedens ist leicht, aber uneffektiv. Was gebraucht wird, ist aktive Beteiligung im Kampf gegen Krieg und jede Angelegenheit, die zu ihm führt.“ [23, S. 102] (1953)

Wo es um Fragen der Moral, der Gerechtigkeit und des Anstandes im öffentlichen Leben und um internationale Probleme ging, war Einstein stets zur Stelle. Einem amerikanischen Polizisten schrieb er auf einem Zettel seine Antwort auf dessen Frage, was er sich unter einer guten demokratischen Regierung vorstelle:

> „Unter einer wirklich guten demokratischen Regierung stelle ich mir eine Regierung vor, die dem Menschen

genügend Freiheiten läßt, die ihm aber auch gleichzeitig genügend Sicherheiten gegen den Mißbrauch der Freiheiten garantiert." [26, S. 406]

Das größte moralische Problem und vorrangige humanistische Anliegen sah Einstein in der Kontrolle der Kernenergie und in der Abschaffung der Massenvernichtungsmittel. Er sagte u. a.:

„Unsere Welt steht vor einer Krise, wie sie in ihrer ganzen Tragweite von jenen noch nicht erfaßt wurde, welche die Macht über schwerwiegende Entscheidung von Gut und Böse besitzen. — Die entfesselte Atomkraft hat alles verändert, nur unsere Denkweise nicht, und so treiben wir ungerüstet einer neuen Katastrophe zu." [26, S. 390]

Er war der Meinung:

Die geistig Schaffenden „können durch Aufklärung dazu beitragen, daß fähige Staatsmänner nicht durch rückständige Meinungen und Vorurteile in ihrer Arbeit gehemmt werden." [23, S. 403] (1946)

Mit größtem Respekt stehen wir heute vor der Courage, mit der Einstein den althergebrachten Denkgewohnheiten des Tötens gegenübertrat; Krieg ist keine Denknotwendigkeit. Einstein war Menschenmord etwas Widerwärtiges, er empfand Abscheu gegen jede Grausamkeit und allen Haß. Die Mächtigen der Welt haben wohl Einstein gehört, aber waren sie fähig, auf ihn zu hören und seiner Denkweise zu folgen? Faschismus, Militarismus, Krieg und Barbarei mit allen Auswüchsen des Massenmordes und Verfolgungen Andersdenkender wären der Menschheit erspart geblieben. Aber auch Schurigeleien, Bevormundungen friedliebender Bürger und seelenlose Bürokratie sind nicht mit dem Einsteinschen Humanismus-Ideal und seiner vorgelebten Mentalität zu vereinbaren. Man findet in seinen Äußerungen den Gebrauch des Wortes „Gesinnung" etwa so häufig wie den Begriff „Vorurteil".

Kurz vor seinem Tode entstand noch das Einstein-Russell-Manifest, das die Unterschriften von elf Männern allergrößten wissenschaftlichen Ansehens trägt, um der Öffentlichkeit und den Regierungen die Gefahren des nuklearen Wettrüstens klarzumachen. Dieses Dokument führte zu zahlreichen Konferenzen über die Gefahren des Krieges, die unter dem Namen Pugwash-Konferenzen bekannt geworden sind und hervorragende Wissenschaftler aus allen Teilen der Welt vereint. Fragt man nun aber 20 Jahre nach Einsteins Tod nach dem Widerhall bzw. nach dem Ergebnis, so muß man u. a. feststellen, daß das Rüstungspotential weitere nie dagewesene Ausmaße angenommen hat und die Gefahr der Selbstvernichtung der Menschheit definitiv nicht gebannt ist.

Fünf Tage vor seinem Ableben schreibt Einstein die Worte:

> „Was ich erstrebe, ist einfach, mit meinen schwachen Kräften der Wahrheit und Gerechtigkeit zu dienen, auf die Gefahr hin, niemand zu gefallen." [23, S. 634]

Auf Einstein, der ein Nonkonformist war und ein bleibendes Vorbild einer ethisch-humanitären Lebensanschauung ist, trifft der erste Aphorismus selbst zu, den er 1953 zu Ehren von Leo Baeck schrieb [4, S. 105]:

> „Heil dem Manne, der stets helfend durchs Leben ging, keine Furcht kannte und dem jede Aggressivität und jedes Ressentiment fremd war! Von solchem Holz sind die Idealgestalten geschnitzt, die der Menschheit Trost bieten in den Situationen selbstgeschaffenen Leidens."

3. Anhang

3.1. Literatur

1. Bücher, Sammelbände

[1] Born, M.: Physik im Wandel meiner Zeit. Braunschweig und Berlin 1957.

[2] Cahn, W.: Einstein — A Pictorial Biography. New York 1955.

[3] Einstein, A.: Gelegentliches. Berlin: Soncino-Gesellschaft der Freunde des jüdischen Buches; 1929.

[4] Einstein, A.: Mein Weltbild. Frankfurt/M. und Berlin 1965.

[5] Einstein, A.: Aus meinen späten Jahren. Stuttgart 1952.

[6] Einstein, A., und S. Freud: Warum Krieg? Zürich 1972.

[7] Einstein, A.: Briefe an Maurice Solovine. Paris 1956.

[8] Einstein, A., und A. Sommerfeld: Briefwechsel. Hrsg. A. Hermann, Stuttgart 1968.

[9] Einstein, A., und M. Born: Briefwechsel 1916—1955. München 1969.

[10] Einstein, A., und M. Besso: Correspondance 1903—1955. Paris 1972.

[11] Einstein, A., und L. Infeld: Die Evolution der Physik. Hamburg 1956.

[12] Frank, P.: Einstein — Sein Leben und seine Zeit. München, Leipzig, Freiburg 1949.

[13] Heisenberg, W.: Der Teil und das Ganze. München 1971.

[14] Heisenberg, W.: Tradition in der Wissenschaft. München 1977.

[15] Hoffmann, B., und H. Dukas: Albert Einstein — Creator and Rebel. New York 1972. Deutschsprachige Ausgabe: Zürich 1976.

[16] Infeld, L.: Albert Einstein — Sein Werk und sein Einfluß auf unsere Welt. Wien 1953.

[17] Infeld, L.: Leben mit Einstein. Kontur einer Erinnerung. Wien, Frankfurt/M., Zürich 1969.

[18] Jordan, P.: Albert Einstein — Sein Lebenswerk und die Zukunft der Physik. Frauenfeld und Stuttgart 1969.

[19] Leithäuser, J. G.: Albert Einstein. Berlin 1965.
[20] Lenin, W. I.: Philosophische Hefte. In: Werke, Bd. 38. Berlin 1964.
[21] Lenin, W. I.: Materialismus und Empiriokritizismus. Berlin 1966.
[22] Moszkowski, A.: Einstein — Einblicke in seine Gedankenwelt. Hamburg, Berlin 1921.
[23] Nathan, O., und H. Norden (Hrsg.): Einstein on Peace. London 1963. Deutschsprachige Ausgabe: Bern 1975.
[24] Nicolai, C. F.: Die Biologie des Krieges, Bd. 1. Zürich 1919.
[25] Schilpp, P. A. (Hrsg.): Albert Einstein als Philosoph und Naturforscher. Stuttgart 1951.
[26] Seelig, C.: Albert Einstein — Leben und Werk eines Genies unserer Zeit. Zürich 1960.
[27] Seelig, C. (Hrsg.): Helle Zeit — dunkle Zeit. In memoriam Albert Einstein. Zürich, Stuttgart, Wien 1956.
[28] Wagner, J.: Was Einstein wirklich sagte. Wien, München, Zürich, Molden 1970.
[29] Wartenweiler, F.: Albert Einstein — Das moderne Weltbild und das Gewissen. Olten 1964.
[30] Wickert, J.: Albert Einstein in Selbstzeugnissen und Bilddokumenten. Reinbek bei Hamburg 1972.
[31] Albert Einstein in Berlin 1913—1933, Teil I: Darstellung und Dokumente, Studien zur Geschichte der Akademie der Wissenschaften der DDR, Bd. 6, Akademie-Verlag, Berlin 1979, (siehe auch [Z 12]).
[32] Albert Einstein in Berlin 1913—1933, Teil II: Inventar, Studien zur Geschichte der Akademie der Wissenschaften der DDR, Bd. 7, Akademie-Verlag, Berlin 1979 siehe auch [Z 12]).

2. Weitere zitierte Publikationen Albert Einsteins

[E 1] Ernst Mach. Phys. Z. **18** (1916) 101—104.
[E 2] Leo Aarons als Physiker. Sozialistische Monatshefte **52** (1919) 1055—1056.
[E 3] Äther und Relativitätstheorie. Springer, Berlin 1920.
[E 4] Geometrie und Erfahrung. Springer, Berlin 1921.
[E 5] Geleitwort in Lucretius: De Rerum Natura (Hrsg. H. Diels), Bd. 2. Berlin 1924.
[E 6] Zum zehnten Jahrestag des Waffenstillstandes (11. 11. 1928). In: Die Menschenrechte, Jahrgang 1928.

[E 7] Das Raum-, Feld- und Ätherproblem in der Physik. Koralle 5 (1930) 486–487; gekürzter Text aus „Space-time" in Encyclopedia Britannica, 14. Aufl. 1929.

[E 8] Raum, Äther und Feld in der Physik. Forum Philosophicum 1 (1930) 173–180.

[E 9] Remarks on Bertrand Russell's Theory of Knowledge. In: The Philosophy of Bertrand Russel (Hrsg. P. A. Schilpp). Evanston 1944.

[E 10] Quantenmechanik und Wirklichkeit. Dialectica 2 (1948) 320–324.

[E 11] Geleitwort zu G. H. Shikmoni: Humanistisches Judentum. Mt. Carmel 1948 (Privatdruck).

[E 12] On the Moral Obligation of the Scientist. Impact 1 (1950) 104–105 (Issued by UNESCO, Paris).

[E 13] Social Responsibility of the Scientist. Science 112 (1950) 760–761.

[E 14] Einstein-Brief in Herbert L. Samuel: Essay in Physics. New York 1952 (S. 157–167).

[E 15] Vorwort zu Philipp Frank: Wahrheit – relativ oder absolut? Zürich 1952.

[E 16] Vorwort (deutsch und englisch) zu Galileo Galilei: Dialogue Concerning the Two Chief World Systems, Ptolemaic and Copernican, transl. Stillman Drake. Berkeley 1953.

[E 17] Einstein-Urteil im Vorwort von J. Ma. Corredor: Gespräche mit Casals. Bern 1954.

[E 18] Allgemeine Diskussion über Relativitätstheorie. Phys. Z. 21 (1920) 666.

[E 19] Grundzüge der Relativitätstheorie, 3. Aufl. Braunschweig 1956, S. 2.

[E 20] Physik und Wirklichkeit. Journ. Franklin Institute 221 (1936) 313–347.

[E 21] Einstein-Brief, in Karl R. Popper: The Logic of Scientific Discovery, 7. Aufl. London 1974, S. 461–464.

[E 22] The Fight Against War (Ed. by Alfred Lief). New York 1933.

3. Ausgaben Einsteins gesammelter Schriften

[A 1] Gesammelte wissenschaftliche Arbeiten Albert Einsteins in vier Bänden (russisch). Moskau 1965–1967.

[A 2] Collected Writings of Albert Einstein. Readex Microprint Edition. Readex Microprint Corporation, New York 1960.

[A 3] Albert Einstein, Akademie-Vorträge, Akademie-Verlag, Berlin 1978.

4. Einstein-Bibliographien

[B 1] Boni, N., M. Russ and D. H. Laurence: A Bibliographical Checklist and Index to the Published Writings of Albert Einstein. New Jersey 1960.

[B 2] Shields, M. C.: Bibliography. In P. A. Schilpp (Herausgeb.): Albert Einstein als Naturforscher und Philosoph. Stuttgart 1951.

[B 3] Weil, E.: Albert Einstein. A Bibliography of His Scientific Papers. London 1937. London 1960.

[B 4] Wickert, J.: Albert Einstein in Selbstzeugnissen und Bilddokumenten. Reinbek bei Hamburg 1972.

[B 5] Seelig C.: Albert Einstein. Eine dokumentarische Biographie. Zürich, Stuttgart, Wien 1954, S. 263–294.

5. Spezielle Ergänzungen

[S 1] Planck, M.: Acht Vorlesungen über Theoretische Physik. Hirzel, Leipzig 1910.

[S 2] Orear, Jay: Grundlagen der modernen Physik. Leipzig 1971.

[S 3] Holton, G.: Einstein and the Crucial Experiment. Am. J. Phys. **37** (1969) 373.

[S 4] Hafele, J. C., and R. E. Keating: Around-the-World Atomic Clocks Science **177** (1972) 166–170.

[S 5] Melcher, H.: Albert Einstein und die experimentelle Physik. Physik i. d. Schule **17** (1979). H. 1/2.

[S 6] Melcher, H.: Albert Einsteins, Patente. Spektrum 9 (1978).

[S 7] Michelmore, P.: Albert Einstein – Genie des Jahrhunderts. Hannover 1968.

[S 8] Physiker über Physiker (Hrsg. H. Scheel). Akademie-Verlag, Berlin 1975.

[S 9] Stern, V.: Erkenntnistheoretische Probleme der modernen Physik. Berlin 1952.

[S 10] Herneck, F.: Über die philosophischen und politischen Anschauungen des großen Physikers. Forschen und Wirken. Berlin 1960.

[S 11] Weizsäcker, C. F. v.: Die Einheit der Physik. In: Werner Heisenberg und die Physik unserer Zeit. Braunschweig 1961.

[S 12] Griese, A., und R. Wahsner: Philosophische Konsequenzen der Revolutionierung der Physik durch Einstein. Phys. Schule **13** (1975) 241.

[S 13] Herneck, F.: Zwei Tondokumente Einsteins zur Relativitätstheorie. Forsch. u. Fortschr. **40** (1966) 133–135.

[S 14] Nordmann, Charles: L'Illustration, 15. 4. 1922.

[S 15] Melcher, H.: Nachdenkliches bei Lichtenberg und Einstein. Manuskript, 200 Seiten.

6. Neuere in der DDR erschienene Bücher mit weiteren Literaturhinweisen

[Z 1] Herneck, F.: Einstein und sein Weltbild. Buchverlag der Morgen, Berlin 1976.

[Z 2] Herneck, F.: Albert Einstein. 3. Aufl. BSB B. G. Teubner Verlagsgesellschaft, Leipzig 1977.

[Z 3] Kuznecov, B. G.: Einstein. Leben — Tod — Unsterblichkeit. 2. Auflage, Akademie-Verlag, Berlin 1979.

[Z 4] Liebscher, D.-E.: Relativitätstheorie mit Zirkel und Lineal. Akademie-Verlag, Berlin 1977.

[Z 5] Melcher, H.: Relativitätstheorie in elementarer Darstellung. 5. Aufl. VEB Deutscher Verlag der Wissenschaften, Berlin 1976.

[Z 6] Schmutzer, E.: Relativistische Physik. B. G. Teubner Verlagsgesellschaft, Leipzig 1968.

[Z 7] Skobelzyn, D. W.: Das Zwillingsparadoxon in der Relativitätstheorie. Akademie-Verlag, Berlin 1972.

[Z 8] Treder, H.-J.: Relativität und Kosmos. Akademie-Verlag, Berlin 1968.

[Z 9] Treder, H.-J.: Die Relativität der Trägheit. Akademie-Verlag, Berlin 1972.

[Z 10] Treder, H.-J.: Philosophische Probleme des physikalischen Raumes. Akademie-Verlag, Berlin 1974.

[Z 11] Treder, H.-J.: Elementare Kosmologie. Akademie-Verlag, Berlin 1975.

[Z 12] Treder, H.-J., und Ch. Kirsten (Hrsg.): Albert Einstein in Berlin, Teil I und II. Akademie-Verlag, Berlin 1979 (siehe auch [31], [32]).

[Z 13] Wessel, K.-F.: (Hrsg.) Struktur und Prozeß. VEB Deutscher Verlag der Wissenschaften, Berlin 1977, S. 299–316: Das Vorurteil als Determinante der wissenschaftlichen Erkenntnis.

3.2. Albert Einsteins Weltlinie (Ort-Zeit-Tafel)

1879, 14. März: Albert Einstein in Ulm (Donau), Bahnhofstr. 20, geboren.
Von 1928–1933 Albert-Einstein-Str., danach Fichtestr., seit Juli 1945 wieder Einsteinstr. Geburtshaus im Krieg zerstört.
Vater: Der Kaufmann Hermann Einstein (1847–1902), Mutter: Pauline Einstein, geb. Koch (1858–1920).

1880 Übersiedlung der Familie nach München (bis 1894), danach Umzug nach Mailand; Albert Einstein folgte seinen Eltern sechs Monate später: Mailand, Via Bigli 21.

1881, 18. November: Geburt seiner Schwester Maria (Maja) in München; gestorben am 25. Juni 1951 in Princeton. 1898–1902 Besuch des Lehrerinnenseminars in Aarau; 1906–1909 Studium der Romanistik in Bern, Paris und Berlin; Promotion in Bern (1908).

1885 Albert Einstein besucht eine katholische Elementarschule. Beginn des Violinunterrichtes.

1889 bis 1894 Besuch des Luitpolds-Gymnasiums in München. Der Student Max Talmey (11 Jahre älter als Einstein) veranlaßt Lektüre von Spiekers Lehrbuch der Geometrie, Aaron Bernsteins „Naturwissenschaftliche Volksbücher“ und Ludwig

Büchners „Kraft und Stoff“. 1892: Differential- und Integralrechnung.

1894 Einige Wochen in der Internationalen Schule in Mailand.

1895 Erfolglose Aufnahmeprüfung an der ETH Zürich. Oktober: Besuch der obersten Klasse der Kantonschule in Aarau mit acht weiteren Schülern (bis Frühjahr 1896).

1896, 28. 1.: Austritt aus der Württembergischen Staatsbürgerschaft.

1896, Oktober, bis Juni 1900: Studium an der Eidgenössischen Polytechnischen Schule in Zürich, der späteren ETH. Studienabschluß als Fachlehrer für Physik und Mathematik. — Vergebliche Bemühungen um eine Assistentenstelle.

1901, 21. Februar: Einstein wird nach fünfjähriger Staatenlosigkeit Schweizer Bürger.

1901, 15. Mai bis 15. Juli: Vertretung (Hilfslehrer) am Technikum in Winterthur. — Vom 20. 10. bis 30. 1. 1902 Hauslehrer in Schaffhausen am Knabenpensionat des Reallehrers und Höhlenforschers Dr. Jakob Nüesch.
Erste wissenschaftliche Arbeit (13. 12.) „Folgerungen aus den Capillaritätserscheinungen“ in den Annalen der Physik 4 (1901) 513—523.

1902 Seit dem 21. 2. in Bern. 23. 6. bis 15. 10. 1909 Arbeit am „Eidgenössischen Amt für geistiges Eigentum“ (Patentamt) zunächst als „Experte III. Klasse“, ab 1. 4. 1906 als „Experte II. Klasse“. Damaliger Direktor: Friedrich Haller. Freundschaft mit Michele Besso.

1902 bis 1905 „Academie Olympia“ mit den Mitgliedern und Freunden Maurice Solovine und Conrad Habicht. Gelegentliche Teilnehmer: Paul Habicht und Lucien Chavan.

1903, 6. Januar: Ehe mit seiner Kommilitonin Mileva Maric; geb. 8. 12. 1875 in Titel bei Novy Sad, gest. 1948 in Zürich.

1904, 14. Mai: Geburt des Sohnes HANS-ALBERT; später Professor für Hydraulik in Berkeley (USA), gest. 1973.

1910, 28. Juli: Geburt des Sohnes EDUARD (gest. 1965).

1905 Promotion an der Universität Zürich mit der Arbeit „Eine neue Bestimmung der Moleküldimensionen" mit der Widmung „Meinem Freunde Marcel Grossmann". Diplom vom 15. 1. 1906. Diese Arbeit — abgeschlossen am 30. 4. — ging bei der Redaktion der Annalen der Physik am 19. 8. ein und wurde dort mit einem Nachtrag vom Jan. 1906 im Band **19** (1906) 289—306 veröffentlicht.

1905 Publikation bedeutender Arbeiten in den Annalen der Physik: „Über einen die Erzeugung und Verwandlung des Lichtes betreffenden heuristischen Gesichtspunkt" (17. 3.) — erwähnt in der Urkunde des Nobelpreises —, „Die von der molekulartheoretischen Theorie der Wärme geforderte Bewegung von in ruhenden Flüssigkeiten suspendierten Teilchen" (Anfang Mai), „Zur Elektrodynamik bewegter Körper" (30. 6.) und „Ist die Trägheit eines Körpers von seinem Energie-Inhalt abhängig?" (27. 9.) Die beiden letztgenannten Arbeiten gelten als die Begründung der Speziellen Relativitätstheorie (SRT).

1908, 28. Februar: Habilitation an der Universität Bern: „Folgerungen aus dem Energieverteilungsgesetz der Strahlung schwarzer Körper, die Konstitution der Strahlung betreffend."

1908 bis 1909 Wintersemester in Bern als Privatdozent. Erste Vorlesung über „Die Theorie der Strahlung", vier Hörer, im folgenden Semester nur einer.

1909, Anfang Juli: Erste Ehrendoktorwürde (Universität Genf); im Laufe des Lebens ca. 25 Ehrendoktorernennungen.

1909, September: Vortrag auf der Jahrestagung der Naturforscher und Ärzte in Salzburg: „Die Entwicklung unserer Anschauungen über das Wesen und die Konstitution der Strahlung".

1909, 15. Oktober bis April 1911: Außerordentlicher Professor für Theoretische Physik an der Universität Zürich.

1911, 15. April, bis August 1912: Ordentlicher Professor für Theoretische Physik an der Deutschen Universität in Prag. Assistent: L. HOPF, Schüler: O. STERN. — Der Mathematiker G. PICK machte Einstein dort auf den absoluten Differentialkalkül von RICCI und LEVI-CIVITÁ aufmerksam. — Wohnung: Trebiszkeho ulice 125. Einsteins Nachfolger in Prag: PHILIPP FRANK.

1912, 1. Oktober: Berufung als o. Professor an die ETH Zürich (bis April 1914). Gutachter waren MARIE CURIE und HENRI POINCARÉ.

1913 „Entwurf einer verallgemeinerten Relativitätstheorie und eine Theorie der Gravitation" gemeinsam mit MARCEL GROSSMANN (1878—1936) in der Zeitschrift für Mathematik und Physik 62 (1914) 225—261.

1914, 1. April (bis April 1933): Ordentliches und hauptamtliches Mitglied der Preußischen Akademie der Wissenschaften und als Direktor des Kaiser-Wilhelm-Institutes für Physik in Berlin. Wohnungen: Bis 1918 in Wilmersdorf, Wittelsbacherstr. 13, danach Schöneberg, Haberlandstr. 5, IV. Etage; Wohnungen im 2. Weltkrieg zerstört.

1914, Oktober: „Aufruf an die Europäer" gemeinsam mit C. F. NICOLAI, W. FOERSTER und O. BUEK als Gegenmanifest zu dem Aufruf „An die Kulturwelt".

1914, 16. November: Mitglied des pazifistischen Bundes „Neues Vaterland", der 1916 verboten wurde.

1915, 16. September: Zusammentreffen mit ROMAIN ROLLAND in Vevey (Schweiz).

1915 Experimente mit W. J. de Haas in der Physikalisch-Technischen Reichsanstalt (PTR) zum Nachweis der Ampèreschen Molekularströme (Einstein-de-Haas-Effekt).

1916 Vollendung der Allgemeinen Relativitätstheorie (ART): „Die Grundlage der allgemeinen Relativitätstheorie" in Annalen der Physik 49 (1916) 769—822.

1916 bis 1933 Mitglied des Kuratoriums der Physikalisch-Technischen Reichsanstalt.

1916 bis 1918 Vorsitzender der Deutschen Physikalischen Gesellschaft.

1919, 4. Februar: Scheidung von Mileva.

1919, 2. Juni: Ehe mit seiner 1917 verwitweten Cousine Elsa Löwenthal (1876—1936). Töchter: Ilse (1897—1934) und Margot (1899). Elsas und Alberts Mütter waren Schwestern, ihre Väter Cousins

1919, 20. Mai: Beginn der Freundschaft mit dem belgischen Königshaus.

1919, 29. Mai: Totale Sonnenfinsternis. Zwei britische Expeditionen bestätigten die Einsteinsche Vorhersage der Lichtablenkung im Gravitationsfeld, womit schlagartig sein Weltruhm begründet wurde.

1920, 27. August: Veranstaltung gegen Einstein und seine Lehre in der Berliner Philharmonie („Relativitätsrummel"). Anfeindungen durch P. Lenard und J. Stark.

1920 Außerordentlicher Professor in Leiden (Holland). — Erstes Treffen mit Niels Bohr.

1920 Mitglied (im Vorstand) der „Deutschen Liga für Menschenrechte", hervorgegangen aus dem „Bund Neues Vaterland".

1922 Vorsitz des Kuratoriums der Einstein-Stiftung und des Einstein-Institutes („Einstein-Turm").

1922, 11. Dezember: Verleihung des Nobelpreises für Physik des Jahres 1921 für „seine Arbeiten auf dem Gebiet der theoretischen Physik, namentlich für seine Entdeckung des Gesetzes der photoelektrischen Wirkung". — Nobel-Vortrag Einsteins im Juli 1923 auf einer Versammlung der nordischen Naturforscher in Göteborg. Den Preis hatte 1922 in Abwesenheit Einsteins (Ostasienreise) der deutsche Botschafter in Schweden entgegengenommen. — Auf die mit dem Preis verbundenen 30000 schwedischen Kronen verzichtete Einstein zugunsten seiner Familie in der Schweiz.

1922 bis 1932 (mit Unterbrechungen) Vertreter Deutschlands in der beim Völkerbund bestehenden Commission pour la Coopération Intellectuelle (Internationales Komitee für geistige Zusammenarbeit); Vorläufer etwa der UNESCO.

1921 bis 1932 Einsteins Reisen: 1921: USA, England, Prag, Wien, Amsterdam, Italien. — 1922 (März/April): Frankreich. — Oktober 1922 bis März 1923: China, Japan, Palästina; Marseille, Madrid, Barcelona. — 1923 (Juli): Göteborg. — 1925: Südamerika. — 1930: England, USA. — 1931: USA. — Dezember 1932 bis 1933: USA.

1923 Mitglied der „Gesellschaft der Freunde des neuen Rußland".

1925 Unterzeichnung eines pazifistischen Manifestes mit Gandhi, Tagore, Wells, Barbusse u. a.

1925 Februar: Attentat auf Einstein durch die vermutlich Geistesgestörte M. Dickenson.

1926 Ehrenmitglied der Akademie der Wissenschaften der UdSSR.

1929 bis (1932) Sommerhaus in Caputh bei Potsdam (Waldstr. 3). Segelboot „Tümmler".

1930 Vorträge in der MASCH (Marxistische Arbeiterschule).

1933, Ende März: Einstein kehrt von den USA nach Europa zurück. Er bleibt — mit Unterbrechungen — einige Monate im belgischen Badeort

Le Coq-sur-mer bei Ostende. — Austritt aus der Preußischen Akademie der Wissenschaften sowie aus der Bayerischen Akademie der Wissenschaften.

1933, 7. Oktober: Abreise in die USA von Southampton mit der „Westernland".

1933, November: Tätigkeit am Institute for Advanced Study in Princeton, New Jersey. — Wohnung: Princeton, Library Place Nr. 2, ab August 1935: Mercer Street 112.
Assistenten (Mitarbeiter): V. Bargmann, P. G. Bergmann, B. Hoffmann, L. Infeld, Bruria Kaufman, Nathan Rosen, E. Straus.

1935, Mai: Albert, Elsa und Margot Einstein auf den Bermudas. Sommerhaus in Old Lyme (Connecticut).

1936, 21. Dezember: Tod seiner Ehefrau Elsa.

1939, 2. August: Erster Brief an Präsident F. D. Roosevelt, der den Impuls zur Entwicklung der Atombombe gab.

1940, 1. Oktober: Einstein wird amerikanischer Staatsbürger, in Trenton (Hauptstadt von New Jersey). Beibehaltung der schweizerischen Staatsbürgerschaft.

1945, April: Pensionierung. Einstein bleibt bis zu seinem Tode in seinem Arbeitsraum des Institutes tätig.

1946, Mai: Einstein wird Präsident des Notausschusses der Atomwissenschaftler (Emergency Committee of Atomic Scientists); Vizepräsident: Nobelpreisträger Harold C. Urey.

1952, November: Einstein lehnt das Angebot ab, Präsident von Israel zu werden.

1954 Letzte wissenschaftliche Publikation (mit Bruria Kaufman): „A New Form of the General Relativistic Field Equations" in Annals of Mathematics **62** (1955) 128—138.

1955, 18. April (1 Uhr 25), im Krankenhaus von Princeton verstorben. Einäscherung um 16 Uhr in Trenton. — Gemäß seinem Willen wurde seine Asche von Freunden in alle Winde verstreut.

Quellen:

Einstein-Archiv in Princeton, Institut for Advanced Study, 401 Fuld Hall leitet seine ehemalige Sekretärin Helen Dukas.

Estate of Albert Einstein in New York: Nachlaßverwalter Prof. Dr. Otto Nathan.

Einstein-Sammlung an der ETH Zürich.

3.3. Nachwort

In jüngster Zeit wurden von philosophischer Seite Untersuchungen zum Problemkreis „Vorurteile — ihre Ursachen, ihre Entstehung und Auswirkung“ angeregt [Z 13]. Eine Definition des Begriffes „Vorurteil“ steht jedoch noch aus. Vorurteile können unter folgenden Aspekten gesehen werden: erkenntnistheoretisch, methodologisch, weltanschaulich, sozial und psychologisch.

Manche großen Entdeckungen und Theorien haben intellektuelle Skandale ausgelöst. Da bekämpfen Wissenschaftler, die veraltete Auffassungen vertreten, die neuen Erkenntnisse und sind oftmals unfähig, ihre eigenen Ideen und Auffassungen zu korrigieren oder zu widerrufen. Einstein war den Feindseligkeiten vieler Wissenschaftler — und noch mehr denen mittelmäßiger Geister — ausgesetzt, die sogar zu seltsamen und brutalen Mitteln griffen. Aber nur bei einem Teil der Einstein-Gegner ist das moralische Fehlverhalten auf erkenntnistheoretische Schwierigkeiten zurückzuführen; hier waren auch soziale und ideologische Widerstandserscheinungen gegen neue Entdeckungen im Spiel, ebenso auch psychologische Faktoren, die mit dem Bildungs- und Erziehungsniveau zusammenhängen. Es gab zahlreiche Vorurteile von wissenschaftlicher Seite, aber in besonders widerlicher Weise kamen diejenigen zum Ausdruck, die sich gegen Einstein als Juden richteten.

Vorurteile können in mannigfacher Weise den Erkenntnisfortschritt hemmen, insbesondere, wenn sie noch durch einen sog. „Zeitgeist", d. h. durch starre Praktiken einer bestimmten Epoche verfestigt sind.

Nach Einsteins eigenen Worten, die auf einer Schallplatte [S 13] erhalten sind, kam ihm erst nach siebenjährigem Nachdenken und Rätseln die Idee, daß Begriffe und Gesetze über Raum und Zeit so abgeändert werden müßten, daß sie mit der Erfahrung in Einklang gebracht werden können. So führte sein Zweifel an der selbstverständlich erscheinenden klassischen Raum-Zeit-Konzeption zur Überwindung eines tiefverwurzelten Vorurteiles und damit zum Erkenntnisfortschritt.

Schließlich ist diese Überwindung einer Vorurteilsbarriere auch Einsteins erkenntnistheoretischer Position und seiner charakterlich-moralischen Haltung zu danken. Es müssen noch viele Details sowie grundsätzliche Fragen und Zusammenhänge des Erkenntnisprozesses erforscht werden; denn die Frage, wie kommt man überhaupt zu neuen Erkenntnissen, ist keineswegs generell und einfach zu beantworten. Zweifellos spielen hier auch individuelle Besonderheiten der Forscherpersönlichkeit sowie gesellschaftliche Bedingungen keine unwichtige Rolle. In diesem Fall kann sich die interdisziplinäre Zusammenarbeit, das oft zitierte Bündnis zwischen Philosophen und Vertretern der Einzelwissenschaften, nützlich erweisen, wobei man prekäre oder heikle Fragen nicht ausklammern darf, wenn die noch weitgehend unerforschte Wissensentwicklung und Erkenntnisfindung, die sich im gesellschaftlichen und im individuellen dialektischen Prozeß vollzieht, aufgeklärt werden soll.

Durch persönliches Parteinehmen ist Einstein immer wieder hervorgetreten, sei es, daß er sich zu politischen Tagesfragen äußerte, sei es, daß er durch Aufrufe, Appelle, Memoranden oder Begrüßungsadressen seine Stimme erhob und seinen Einfluß geltend machte. Das umfangreiche Werk „Einstein über den Frieden“ [23] belegt dokumentarisch sein ungewöhnliches Engagement, das die Kräfte allein mancher Einzelpersonen voll in Anspruch genommen hätte. Diese Parteilichkeit legt die philosophische Aufgabe nahe, sie gegenüber der Vorurteilslosigkeit abzugrenzen und zu prüfen, wo angebliche Parteilichkeit gegebenenfalls als Barriere von Vorurteilen wirksam werden könnte. Von Interesse ist auch die hier — bis auf einige Beispiele — ausgeklammerte Frage, wo z. B. in philosophischen und politischen Anschauungen Einsteins selbst Vorurteile vorhanden waren und wie sich diese ausgewirkt haben.

Einstein ist ein einzigartiges Vorbild im Kampf gegen Vorurteile. In diesem oftmals sehr komplizierten Prozeß hat er selten zahlreiche Mitstreiter gehabt. Das zeigen auch Zeitabschnitte beim Durchsetzen der relativistischen Physik: Die gesellschaftlichen Vorurteile (Zeitgeist) haben durch manche Senken geführt, in denen wissenschaftliche Erkenntnisse nicht nur ignoriert, sondern sogar verdammt und als abartige Hirngespinste erklärt worden sind. — Welch riesige Kraft, unerschütterliche Überzeugung und große Charakterstärke gehörten dazu, diese Auswüchse von Vorurteilen zu überstehen!

Einstein selbst hat sich der Polemik enthalten. Er betrachtete sie nicht als das Ziel und Mittel eines Gelehrten, wenn sie da und dort auch mit gewissen Erfolgen praktiziert wurde. — Über jeden Zweifel erhaben ist Einstein eine leuchtende säkulare Gestalt in der Wissenschaftsgeschichte, nicht zuletzt durch seinen Kampf gegen Vorurteile jeder Art, durch seine noble Gesinnung und durch seine beispielgebenden ethisch-moralischen Auffassungen.

Namenverzeichnis